聊天的智慧

芊涵——著

北京时代华文书局

图书在版编目(CIP)数据

聊天的智慧 / 芊涵著. —北京:北京时代华文书局, 2021.5
ISBN 978-7-5699-4172-2

Ⅰ. ①聊… Ⅱ. ①芊… Ⅲ. ①心理交往-语言艺术 Ⅳ. ①C912.13

中国版本图书馆 CIP 数据核字 (2021) 第 092385 号

聊天的智慧
Liaotian de Zhihui

著　　者 | 芊　涵

出 版 人 | 陈　涛
项目统筹 | 石冠哲
责任编辑 | 李　兵
责任校对 | 陈冬梅
装帧设计 | 天下书装
责任印制 | 訾　敬

出版发行 | 北京时代华文书局 http://www.bjsdsj.com.cn
北京市东城区安定门外大街 138 号皇城国际大厦 A 座 8 楼
邮编:100011　电话:010-64267955　64267677
印　　刷 | 三河市天润建兴印务有限公司　13603367195
(如发现印装质量问题,请与印刷厂联系调换)
开　　本 | 880mm×1230mm　1/32　印　张 | 6.5　字　数 | 153 千字
版　　次 | 2021 年 10 月第 1 版　印　次 | 2021 年 10 月第 1 次印刷
书　　号 | ISBN 978-7-5699-4172-2
定　　价 | 48.00 元

目 录
contents

第一章

什么样的人，最容易把天聊死

聊天是一门艺术，更是一门学问。关于聊天，有一个大家都熟知的规律——言多必失。古希腊哲学家芝诺曾说：“我们之所以长着两只耳朵、一张嘴，就是为了多听少说。”

要想学会聊天，请先学会倾听

有这么一种人，无论什么场合、对象是谁，他们总是过于注重表达自己，肆无忌惮地宣泄着自己内心的想法，或真实，或虚构。他们丝毫不顾及倾听者的感受，也不愿主动了解别人的观点与想法。这种人看上去很活络，擅长交际，但事实上，往往人缘很差，朋友极少。

在人际交往中，只有懂得倾听别人，给自己更多的机会了解别人，才能拉近自己与他人之间的距离，也更能赢得他人对自己的好感。

纽约大学著名的社会学专家达尼尔·格兰曾经做过一个实验。实验对象是60名女大学生。达尼尔·格兰将3名女大学生分为一组，一共20组。每一组由两名同校女生和另外一名来自其他大学的女生组成，并安排她们进行10分钟的谈话。在交谈期间，因为三人组中的两人是校友，彼此亲近，很自然地就忽略了另外一名女生。结果，两名校友在交流中使用的重音占谈话的11%，而另外那名女同学在对话中的重音占41%。最终实验统计结果显示，重音使用频繁的女大学生中有51%的人都觉得自己性格内向，不善言谈。

这个实验告诉我们：在三个人的谈话当中，如果其中两个人聊得兴高采烈，而忽视另外一个人的感受，往往会让另外一个人产生自卑、消极的情绪。因此，在与他人聊天的过程中，不要只顾着自己说，也要适当地询问别人的看法。学会倾听，并抓住适当时机，引导他人诉说，才是沟通的有效途径。

美美在一家店里买了一套化妆品，用了一次后，脸上起了几个小痘痘，于是她就带着买的化妆品来到店里，想和售货员说明情况。可是，当她在讲述自己用了化妆品后的效果时，售货员多次打断她，并且反复辩解道："我们这套产品已经卖出了很多套，也有很多顾客二次购买，都没有出现任何问题，你是第一个说我们产品有问题的。”美美听了售货员的话，更加生气，于是两人吵了起来。

这时，店长闻声而来。她先让两人停止争吵，然后让美美说出她想要表达的话。在美美叙述期间，店长没有插一句话，而是静静地听美美说完。而后，店长又安静地听了店员的观点，中途也没有说一句话。了解事情的经过后，店长带美美去了医院，以科学的手段查明美美是否因为使用店里的产品才长痘痘。检查后，美美从医院处得知自己脸上起痘痘是因为最近心情不好，导致内分泌失调，同所用的化妆品并没有什么关系。这时，店长依旧友好地询问美美的想法，问美美是否仍然想要退掉产品。美美得知自己的痘痘与化妆品无关，决定不退换产品，并因为感到不好意思，又额外买了一套化妆品。

懂得倾听别人的意见，有利于我们了解事情的真相，也更能促进人与人之间和谐友好的关系。会聊天的人，都知道倾听的重要性。他们能在倾听别人表达的过程中，观察别人的神情，安抚别人的情绪，化解别人的困难，原谅别人的错误。他们有耐心，愿意倾听别人的感慨与抱怨；他们有爱心，可以包容别人的稚嫩与彷徨。

如何学会倾听

倾听，并不是没有任何反馈的沉默，而是真情实意的尊重，是一种高层次的修养，也是生活的大智慧。对方有倾诉的意愿，是源自对你的信任。倘若你一副爱搭不理、敷衍了事的态度，会让对方感到冷漠与失望。

媛媛自认为自己在安慰人这方面做得很好。每次当她的闺蜜莉莉想跟她聊聊心事的时候，她总是会先对莉莉说“我理解你的难处”“我知道你的苦衷”“你说的我都理解”，然后她便开始滔滔不绝地讲起自己的过往。她会和莉莉说自己最近过得很不开心，各种“水逆”，总之，一定是比莉莉更惨。聊着聊着，她和莉莉就开始各说各的，谁的心结都没能解开。渐渐地，两人产生了隔阂。莉莉觉得媛媛在敷衍自己，并没有认真倾听自己的心事，而媛媛则觉得自己的“苦口婆心”没换来莉莉的感激。久而久之，两人在心情不好的时候，都不再找对方聊天了。

不要在别人诉苦的时候，一直抢话说，即便是自己也有相似经历。向你倾诉的人一定希望你能给他一些建议，给予他一些理解，而不希望你只是嘴上说理解，却没有用心去听。另外，像“我能理解你的痛苦”这样的话，不是在任何事情上都适用的。对于有些情况，这样说是并不合适的。比如有人向你抱怨“我在网上邮购的衣服竟然是坏的”“我已经有皱纹了”，这时的你最好说“其实并不像你想象的那么糟糕”，而不是说“我知道你很生气”“我知道时间无情”的话，这样很可能会让倾诉者的心情更糟糕。

那么，怎样才能做一个好的倾听者呢？以下几点可供你学习：

1. 在听的过程中，保持着积极的态度，这样做会给彼此营造一个良好的谈话氛围。对方越能感觉到你在认真地听，就越能准确地表达自己。相反，如果你在听的时候心不在焉，应付了事，总是说“我知道”“我明白”，表现出不耐烦的态度，说话的人往往就会感到沮丧，不想多和你交谈。

2. 认真地听。对方和你说话，你应该关注他，让自己的眼神和对方的眼神有交合、有碰撞，这样对方会觉得你在听他说话。这也是尊重对方的一种表现。同时，你要注意对方的姿势和手势，无论你是坐着还是站着，彼此保持最佳的距离是有必要的。

3. 观察对方的表情。很多讨论都是以语言之外的方式存在的，因此你不仅要仔细听，还要注意对方表情的变化，注意对方语调、语速的变化，这将帮助你更好地倾听对方。

4. 回答每个问题时做出相应的行动。如果对方想要从你这里得到一些信息，或者为改变你的观点而做一些事，再或者是想要得到你的理解和安慰，你就需要做出相应的行动来回应对方。比如对方在工作上遇到了困难，来找你聊天，如果你有好的建议，你可以直接告诉他，也可以给他提供相应的工具或者书籍等。这样做比一味地安慰更实用。

5. 如果你没有听懂对方表达的意思，一定不要装作听懂了，这会让你很难正确地安慰对方。作为一个倾听者，无论在什么情况下，如果你不明白对方是什么意思，你都应该让他知道你没有理解。因为不知道却假装知道，迟早会被发现，到那时，对方就会感受到你的敷衍与不认真。

6. 倾听之后，应该站在对方的角度思考问题，照顾对方的感受，给予对方理解，包括理解对方的语言和情感。

在听对方讲话的同时，有几个方面你需要注意：

第一，作为倾听者，不要提太多问题。问题太多，容易引起混乱，分散彼此的注意力。

第二，当别人说话时，注意力要集中，否则，对方想要表达的信息，你会有所遗漏。如果被对方问到一些问题，而你云里雾里，这会影响两个人谈话的质量，进而影响到沟通的效率。

第三，不要匆忙地下结论。当别人说话的时候，不管你是同意还是反对对方的观点，都不要匆忙地赞同或反驳，不要不经过认真地思考就轻易地进行判断和评价，这容易让对方对你产生防御心理，导致彼此之间出现沟通障碍。

你的亲密，需要一点分寸感

每个人都有想要倾吐自己心事的时候。有时，你看到别人在聊天，想要参与进去，这本身无可厚非，但是切记不要不分场合和时机就随便插话，这样做很可能会打断别人的聊天，甚至会让别人产生反感。你最好弄明白别人谈论的内容是什么，再选择性地参与进去，以防因为你的参与而导致别人无法正常地沟通下去，甚至让别人忘记了刚刚谈话的要点和思路。

有一天，刘总在办公室和客户谈论一个项目合作的相关事宜，谈到一半的时候，刘总的朋友来找他，没有打声招呼就进到会议室里坐在一旁。刘总的朋友平时性格就很“豪放”，他以为那些人是来找刘总闲聊天的，于是也没了解他们在聊什么，便直接参与到他们的谈话中。他眉飞色舞地说起自己来找刘总的路上看到了两辆车发生碰撞，车主互相争吵的事情。其间，刘总给他使了几次眼色，示意他不要再说了，但他并没有当回事，仍旧自顾自地讲着。

刘总见状，只好直接告诉他自己正在和客户谈论工作。刘总的朋友听了，这才意识到自己打扰到了他人的交谈，于是找了个借口，离开了会议室。

刘总的朋友出去后，觉得自己做得不对，过了一会儿，又进到会议室里，给大家赔起不是来，一直向刘总和他的客户道歉，说自己不了解情况，打扰了大家的谈话，接着又啰里啰唆地说了一大堆，说自己性子直，脾气急，一向这样，等等。

刘总的客户看到这样的情况，便让刘总和朋友去交谈，工作上的事宜改天再沟通，然后急匆匆地走了。后来，刘总再一次联系客户来谈合作时，得知这位客户已经和另外一家公司合作了。从那以后，刘总就开始远离自己的那位朋友了。

如果那位朋友没有打断刘总和客户的谈话，很可能刘总当天就完成了合约的签署。正是因为朋友不合时宜地出现，并且没完没了地打断，才使得刘总失去了合作伙伴。

由此看来，打断别人说话不仅是不礼貌的，还可能在不知不觉中破坏别人建立起来的关系网。因此，如果你想要参与到别人的谈话当中，首先需要做的就是耐心地倾听，了解别人谈话的方向和中心，再找合适的时机发表自己的见解。

心理学上有一个名词叫作“心理定式”，意思是说如果一个人想要表达一件事或开启一个话题，他就会在心里建设起一个程序，在心里预定自己要说的话，直到他把想说的话都说完了，他才会把自己放在一个倾听者的位置。因此，如果你想让别人听你说话，你首先要有耐心去倾听，不打断别人说话，这样别人在表达完自己想说的话时，自然就会听取你的意见，这个时候你再开始表达你的观点，最为适宜。

如果你的意见和别人的意见不一样，也不要急着去表达自己的看法，而是应该先听完别人的表述，即使对方是埋怨的态度。这样做可以消除对方对你的抵触心理，会让对方意识到你在认真聆听他的观点，由此才会对你的观点产生兴趣。

当另一方担心你对他说的话题不感兴趣，流露出犹豫和尴尬的表情时，你可以插一两句话，让对方知道你在听他说话。你可以说“你能谈谈那件事吗？我想多了解一些”，或者说“请继续说，我觉得很有趣”。这样会提高对方的积极性，他会更认真地说下去。

当对方考虑太多主观情感，甚至不能控制自己的情绪时，你也可以插一两句话，比如“你一定很生气”“你看起来很急躁”“你心里一定很难受”等安慰对方的话语。这样的话语会让对方感觉到被理解，有助于缓解对方的情绪，让接下来的谈话更为顺畅。

有时候，沉默更具有穿透力

人们聚在一起时，都会想方设法地进行沟通与交流。比如你去亲戚或者朋友家做客，若是没有什么太多话题聊，亲戚或者朋友会准备水果，或者打开电视，边聊边吃边看，然后时不时地讨论节目内容。虽然大家的交流很可能只是只言片语，但是并不会有人感觉到气氛冷场、尴尬。

很多时候，再亲近的关系，也不可能一直有话题聊。不讲话时，大家会保持沉默。但沉默未必是不好的事情，适度的沉默，不但不会让交谈出现障碍，还能使彼此的交流更加升温。

沉默是一种倾听的技巧与智慧，在一些情况下甚至会起到意想不到的作用。

赵川和张宁是同一家服装公司的实习设计师。他们的水平不相上下，作品都很优秀，但是实习期结束后，只有张宁被公司正式录用，这让赵川很不能理解。他每次展示自己作品的时候，若是有人指出一些不足的地方，赵川都会用自己的观点反驳他们，直到没有人再和他争论。虽然每个人都认为他说得有道理，但是大家都感觉他有点强势，特别是领导非常从容大气地给他指出需要改进的地方时，他往往不是虚心接受，而是据理力争，总是拿出一副不得到认可决不罢休的气势。这让领导觉得他欠缺沉稳，也觉得他不给自己面子。

相比之下，张宁则很谦虚，性格也更加随和一些。在大家讨论他的设计的时候，他通常不会给自己找什么借口，大部分时间在倾听大家的意见。他的领导和同事们，无论水平高低，都会在他面前畅所欲言。大家给他好的建议，他都详细地记录下来。即使有时候觉得别人的观点是错的，他也会适当地保持沉默和倾听。最后，修改后的设计既有自己的想法，又结合了大家的建议。为此，公司领导和同事们都愿意给他的设计提建议。

实习期满后，在公司只留一名实习生的情况下，大家都不约而同地把票投给了张宁。

并不是所有的对话都应该保持不停歇的状态。沉默有时是一种虚心的表现。一般来说，如果一个人长时间地说一个话题，就会使对方逐渐分散注意力，甚至对谈话感到厌倦，这很容易导致倾听者分神。这样的谈话看上去一直在进行，但实际上却在无形中受到了阻碍。因此，遇到这种情况，沉默是可以发挥作用的。你可以选择沉默，这样对方就会重新把注意力转移到你的身上。

如果对方一直喋喋不休，你也可以使用沉默的方式打断对方，这样既可以使对方意识到自己说得太过，也不会伤害他的自尊。例如，对于同一件事，你的同事已经给你讲了很多遍，听得你快要失去耐心，但因为是同事关系，你不好意思直接对他说“你已经说过很多次”，你怕这样会伤害他的自尊。可是如果继续听下去，自己的心情就会受到影响。这时，你不妨突然沉默，不做出任何反应，让他自己有意识地停止说话，然后你再巧妙地转移话题。

突然的沉默可以终止让你感觉无聊的话题，因为你的沉默会让对方有所感觉，他将会想：“为什么这个人一点反应也没有？是我说的他不感兴趣，还是他不想听我说这些？”这时候对方就会反思自己，明事理的人就会停止他的高谈阔论，然后试图找一些你喜欢的话题去讨论。

适当的沉默是一种倾听的智慧，它能在帮助你赢得人气的同时，也征服别人的心。

语速和声调中藏匿着哪些小细节

有的人在遇到有好感的异性朋友时，会产生一种强烈的表现欲，渴望给对方留下一个好的印象。可是往往越是想更好地表现自己，越是会因为紧张而把事情搞砸，吞吞吐吐，结结巴巴，面红耳赤，逻辑混乱，表达出来的意思让对方云里雾里，不知所云。

反过来，如果一个人的语言表达干脆利落、语速适中，他的个性展现效果就会立竿见影，给别人留下率直的印象。

大国平时是一个幽默的人，口才也不错，同事们都很喜欢和他相处。但他也有自己的烦心事，就是他暗恋自己的同事郭雪。每次郭雪和他出现在同一个场合，他就会觉得害羞。只要有郭雪在的地方，大国说话都会磕磕巴巴，甚至说不出话来。如果郭雪看他，他的脸瞬间就会变得通红，思维逻辑也会变得混乱。每次大国想证明他的幽默天赋的时候，都会因为紧张而事与愿违。总是在喜欢的人面前“怯场”，让大国很是沮丧。

心理学表明，当一个人感到不舒服或者恐惧的时候，思维会变得很缓慢，而思维缓慢则会导致两种相反的语言特征：口吃或者说话太快。这是有意掩盖自己的不安和恐惧。

一个人的心理状态会影响自己语速的变化，我们可以通过语速的变化来了解他的心理变化，揣摩他的想法和心情。具体说来，有以下两种情况：

第一，说话速度突然变慢。

如果一个人平时讲话很快，能说会道，但突然吞吞吐吐、胡言乱语，可能是所聊的话题触及了他的一些缺点，或者碰到了他的伤心处；还有一种可能就是他心里有事瞒着别人。说话速度变慢就反映了他没有底气、紧张、不在状态。

当然，如果是在读语言非常优美的抒情散文，或在叙述一件美好的事，人们说话的速度通常也会放慢，这时只能说明说话的人在用心地感受。

第二，说话速度突然加快。

如果一个人平时说话很从容、语速平缓，但突然说话很快，或者语调突然变得高亢，甚至很急迫地想要表达，则说明他听到了一些刺激他的言语。他语速加快，急切地想要表达内心的不满、着急和委屈。

当然，如果是正在读一篇激情饱满的“战斗檄文”，或者发表慷慨激昂的演讲时，人们的语速也会加快，这是说话者在表达自己内心强烈的情绪。

如果不属于以上两种情况，平常说话慢的人突然提高声音、加快速度，或者平常说话快的人突然放慢语速，则表明他们是想强调自己正在说的内容，他们希望通过语速的变化引起别人的注意。如果是在一场辩论会上，这种情况则是一种策略，为的是挫损对方的锐气，增强自己的信心。

人在说话的时候是在进行一种思想交流，同时也是心理、感情和态度的流露，而语速的快慢能直接反映说话人的心理状态。

因此，注意一个人说话时的语速和语调，是掌握其心理状态的一种有效方法。

声音的高低、语速的快慢可以体现一个人基本的性格特征，比如：

尖锐的声音

有的人说话如吹唢呐，他们可能会随意大声说话，不顾及别人的感受，甚至会因为自己的声音太高导致听不到别人说什么。这样的人情绪起伏会比较大，强势且易怒，在心理学性格分析中属于“胆汁质”。面对这样的人，应当谨慎说话，表现出谦逊的态度，也许会得到他的认可。

舒缓的声音

有的女士说话就像小提琴拉出的小夜曲，体现出她的性格温文尔雅。这种人会根据周边环境来表达自己的感情，遇到受害者会富有同情心。有的男人则像大提琴一样温和，显示其忠诚、宽厚的个性。这样的人会比较有主见，不会别人说什么就是什么。

低沉磁性的声音

有的人嗓音浑厚，语调绵长，这种人非常独立且富有个性。一般情况下，此类人在绘画、音乐等方面涉及甚广，可能具有不可多得的天赋，他们能够敏锐地捕捉艺术灵感，异性缘通常很好。和这类人相处时，不要试图将自己的思想与观点强加在他们身上，否则你会在他心里留下肤浅无知的印象。

粗重而低沉的声音

有的人嗓音粗重、低沉，这样的人颇有领导的风范，富有正义感，容易得到别人的信任。

甜腻的声音

有的人说话就像是在撒娇，让人感觉很甜。但长时间听这些声音可能会引起不适，所以没有一种乐器可以用来形容此类声音。女士发出这种声音或许是想得到别人的关注与关爱，但不要一直用这种声音说话，否则会让人感到不舒服。如果一个男人发出这样的声音，那么他可能从小受环境的影响，或者父母把他当女孩看待。

哪些肢体语言容易出卖你

人类的身体动作有时是在无意识的状态下做出来的，这和说话有所不同。弗洛伊德曾说过："没有人可以隐藏秘密，假如他的嘴巴不说话，他也会用指尖说话。"

小白陪老板去和另一个公司的代表人谈一个合作项目。小白的老板在和对方公司代表人商讨的时候一直在压低价格，并且不断地跟对方说，如果价格降不下去，他就会与另外一家公司合作。这时，小白有点急躁了，他觉得如今行业竞争激烈，能够找到这样的合作伙伴很不容易，如果丢失这么好的合作伙伴，这将给公司带来巨大的损失。但老板态度非常坚决，始终不松口，不仅如此，还几次表现出不想合作的态度。这令小白感到不理解。

但是最终，这个合作谈成了。

事后，小白忍不住夸赞老板："您真厉害，敢下这么大的赌注，胜算这么低的合同您都能签下来。"

老板笑着说："做生意，不能只靠赌，要懂得策略。我当时是在观察对方代表人的一举一动，通过他下意识的动作来分析他的想法。"

小白一头雾水："老板，您可以给我详细地讲解一下吗？"

看着小白一脸疑惑的表情，老板笑了笑说："一开始沟通的时候，我观察对方看我们解决方案时的表情，当对方公司代表人看到我们的解决方案后，他的眼睛变得越来越明亮。我由此得出的结论是，对方对我们的策划方案感兴趣。在随后的对话中，虽然对方公司代表人每次都告诉我们，我们竞争对手的实力如何强大，但我发现，每次提到这些问题的时候，他都会有一个小动作，就是会不停地踮脚，这说明他对所提到的公司并不喜欢。当由于价格问题我们无法达成共识的时候，我适当地表现出合不合作都无所谓的态度，这成了我们争取利益最大化的突破口。对方公司代表人虽然表面上没有显露过多的焦虑，但他却下意识地频频摸头，这说明他心理上失去了安全感，可以解释为他非常害怕无法继续我们之间的合作。"

解释到这，小白恍然大悟，直夸老板运筹帷幄、老谋深算。

每个人在生活中都会有意无意地通过肢体语言来表达自己的情绪或者状态。婴儿喜欢吮吸大拇指，女人习惯于将双臂横抱在胸前，这些常见的动作都会被一些了解小动作内涵的人察觉。

那么，我们就来看看一些习惯性的小动作到底是如何暴露一个人的个性的。

一边笑一边说

这种人和你聊天，他的好心情会感染你，让你感到非常放松和快乐。他们中的大多数人都性格开朗，对生活从来不会太苛刻，并且高度重视“丰富”的生活。这类人具有感情专一、不斤斤计较、人缘好等特征。

拍打头部

这个动作是表示懊悔和谴责。这种人对他人和自己都很严厉，对待事业具有一种开拓精神。他们通常很真诚，愿意帮助他人，也能为他人保守住秘密。

抖腿

有一类人总是喜欢用腿或脚使身体摇晃。这类人很少会去考虑别人的感受，对别人也会很吝啬，但是对自己，他们会很慷慨。也就是说，这类人多半很自私，但是他们很善于思考，经常能提出一些别人意想不到的观点。

掰手指

有的人习惯掰自己的手指，直到掰得发出脆响才觉得舒服。他们通常精力旺盛，非常健谈，也可能有点倔强。他们会挑剔自己的职业、工作环境等。此外，他们目标明确，会不惜代价地去做一件事。

拨弄饰物

这种动作在女性身上常有。喜欢做这种动作的人，大多内向，不轻易发脾气，会隐藏自己的情感。他们的另一个特点就是工作认真，肯学肯干。

经常低头

这类人一般做事很慎重，包括交朋友，也很慎重。他们会讨厌过分激烈、轻浮的事，但是他们非常勤劳，做事也很努力。

托腮

这类人精神旺盛，讨厌错误的事情，工作时对松懈型的合作对象会很反感。

摸弄头发

经常这样做的人，比较情绪化，会常常感到郁闷焦躁。他们对流行事物很敏感，对人也会忽冷忽热。

靠着某样物体

经常做这种动作的人，一般都很冷酷，但也富有责任感，独立且勇于奋斗。

四处张望

这种人很善于人际交往，属于乐天派，对什么事都能提起一些兴趣，对人也有明显的好恶感。

耸肩摊手

这个动作表示不在乎。喜欢这样做的人是热情的、真诚的、富有想象力的。他们会创造生活，也懂得享受生活。

从以上列举的这些小动作中能发现，观察别人的一举一动是一件非常有趣的事情。但是，在研究别人的小动作时，我们必须非常小心地观察，要把他们的行动和语言结合起来判断其心理，千万不可断章取义。

如何听懂那些“弦外之音”

有的人说话比较喜欢绕弯子，一句话可能会影射很多事情。遇到这样的人，你就要多方面思考他的言语，察觉其中暗藏的信息，这样才能明白对方要表达的到底是什么。

如果你的身份是公司领导，当你的员工在和你一起吃饭的时候，对你说：“我真的好累啊！我连续三天都加班到晚上十一点，都是打车回家的，我真的太累了！”作为领导，你需要听出员工的话里想表达的内容。

员工可能真正想说的是：“我需要别人的帮助，我知道公司把这个项目给我是看重我，但是我自己一个人去做有些吃力，我希望领导能多派一个帮手。”员工可能不好意思直接向你抱怨自己工作量大，所以就说自己很累，来博得你的同情与关注，希望你能给他找个帮手，分担他的工作。

员工想要表达的消息也可能是：“上次你评价我的工作表现，说我的工作态度问题，还指出，希望每个人都努力工作，现在我只是想让你知道我很听话，并在努力地工作。”

员工想表达的也有可能是：“我有点担心，我怕自己完不成你分配的工作，所以加班加点地去工作，我希望你知道我是一个称职的职员。”

再或者，员工想表达的是：“我需要得到你的鼓励，我希望自己的努力被你知道。”

因此，作为领导的你，应该从员工同你说的话里发现一些他想表达的信息。

和别人交谈时，怎样才能了解说话的人真正想表达的内容呢？

听声

一个词、一句话，用不同的声音说出来，意义是不同的，有时甚至是相反的。听声音能通过音调发现一个人心情的异常，也能从中区分、理解话语中隐含的想法。

比如，“你可真厉害”这句话，如果说的人语气高昂、激动，则代表他是真心地崇拜你，觉得你厉害。如果说这句话的人语气有些低，甚至阴阳怪气的，则代表说话人很不屑，甚至在讽刺。

在许多情况下，相同的一句话，有很多种表达，也分别代表不同的意思，具体问题要具体分析。

辨义

说话的人会从一定的角度来表达他的思想。你可以通过他说话的角度，来感受其中不一样的信息，以便你了解说话人的真实想法。

如果有些话不好直接说出口，人们往往会换一种说法，委婉地表达出来，但这种表达还是围绕着中心思想在说。因此，只要你仔细分析，就能解析出说话人内心真正的想法。

观行

有的人可能会表里不一，为了面子和尊严说一些假话。这个时候，你只要注意观察说话者的动作，就不难发现他是否在说违心的话。

比如有的人生气了，却不直接说出来，但是他会表情严肃地看着你，或者离你远一些，来表达自己的不满。这个时候，你就能够通过他的动作判断出他心情不好了。

那么，在职场上，有哪些话是“暗藏玄机”的呢？

如果你的领导带你去谈合同，他夸你善于交际，你先别顾着开心，你要听懂上司的真正意思。他也许是希望你能在谈合同的过程中有出色表现，他想要的只是一个满意的结果。

如果你的领导对你说最近公司的效益不太理想，则暗示着公司可能有裁员的打算，你需要提高警惕，随机应变。

如果你的领导说你性格温和，或者夸你脾气好，你需要注意，这可能意味着他觉得你好说话，可能准备让你加班或者把繁杂的任务交给你去做。

当你的领导对你说上级要来检查，意味着他想让你加班，做好迎接检查的准备。你千万别只是听听，他需要你付诸行动。

如果你的领导突然问你“是不是最近家里事情比较多”，一般情况下，他不是在关心你的家事，而是觉得你最近用在工作上的心思不够。

如果你的领导说你跟某人的关系不错，你就要谨慎思考一下，最近某人有没有做什么错事，可能是老板想要从你那里知道些什么信息，也可能是因为某些事在试探你。

第二章

要有真情实感，才能一字千金

会说话不仅仅表现在有丰富渊博的知识，还表现在有真诚的言语和态度。只有这样，才可以加深自己在对方心中的印象，与对方心意相通。

真诚，才是最高级别的情商

经常参加社交场合的人都知道，真诚对于交流意味着什么。不管你接触的人是谁，拥有怎样的地位，只要你能拿出一颗真诚的心去与对方沟通或相处，你的语言就是有魅力的。

心理学家认为，在人际关系中，是存在“互酬互动”效应的。如果你真诚地对待别人，别人往往也会以真情回馈你。“谢谢你”三个字看上去很普通，却能促进人与人之间的互动，甚至可以左右人际关系的走向。

陈丽是一名普通的推销员。在一次会议上，领导给每一位员工一次上台展示的机会，让大家畅所欲言，谈谈自己在工作和生活中的一些经历。

陈丽性格内向，平时不怎么爱说话，马上就轮到她上台演讲了，可她迟迟没想好要说些什么。她在听同事表达自己的感想时，突然回想起自己成长中的种种磨难，于是，她调整好自己的情绪，决定把自己的经历分享给领导和同事们。

她说起她很小的时候，父母就离婚了，自己是被姥姥、姥爷养大的，她讲到姥姥是如何辛苦干活供她去读大学。她一边讲，一边回想着那些经历，竟然忘记了下面有那么多人在听，心里对演讲的恐惧也降低了不少。她激动地讲述着父母为了各自的生活抛弃她的事情，情到深处，甚至难以自控地流下泪水。

会议室里的人都静静地听着她的经历，每个人都被她的深情演讲感动了。当她总结完自己的经验与感悟后，领导和同事们给予了她雷鸣般的掌声。

在那次演讲之后，领导更加看好她，并着重地培养她，不到半年的时间，她便担任了公司的首席讲师。

白居易曾说：“动人心者莫先乎于情。”炽热真诚的情感能使“快者掀髯，愤者扼腕，悲者掩泣，羡者色飞”。

不管是在和对方私下沟通，还是在公共场合做演讲，你都要记住，真诚是最能打动人的筹码。如果你把诚心摆在对方面前，对方往往会很容易被感动。

说话的魅力，并不是靠华丽的语言支撑，也不是靠滔滔不绝的表达展现。只有善于袒露自己的真诚，才可以赢得人心。

说话是为了传递信息，而把话说好，说话者不仅要准确并且流利地表达自己的思想，也需要让听众接受自己的观点，让听众产生共鸣。把话说好，关键在于如何打动听众。

在生活中，有的人注重长篇大论、慷慨陈词，但就是很难让听众提起兴趣。但有的人只是简短说了几句话，就能赢得听众的认可与掌声，这是为什么呢？因为后者更能理解人们的内心需求，可以设身处地站在对方的位置上分析问题，注重保护对方的利益。因此，他们的语言也就更容易打动人心。

不管是日常社交，还是职场谈判，只要你能真诚地表达自己的想法，往往就能收获意想不到的硕果。

在委婉含蓄中水到渠成

没有人会喜欢被别人拒绝、否定与批评，但我们总会到遇到这些情况，比如向别人表达一些请求、评判别人的处事、批评别人的错误等。这些话不太容易说出口，因为它可能会伤及别人的自尊心。有些人内心强大，会虚心听取别人的建议，但有些人会自视清高，接受不了别人的否定。因此，有些话说不好，就很可能会得罪人，从而为自己招来不必要的麻烦。

中国的语言文化博大精深，同样的意思可以用不同的语词来表达，而对每一个细节都很敏感的人，在听到同样的意思用不同的语词来表达时，会有不同的反应。这也是很多人利用说话技巧来达到目的的原因。

佳佳去家具市场买家具，看中了一款餐桌。于是，她迫不及待地询问这款餐桌的价格。

店员非常热情地回答道："这款餐桌 5000 元。"佳佳听完，觉得价格很高，没再询问其他的信息便走了。店员的老板在旁边看着，他对店员说："你这样说，推销效果不好，如果换一种说法或许会更吸引人。"

于是老板亲自给店员做示范，他让店员扮演顾客，他来推销："女士，这款餐桌的价格不贵，买下它，每天只需要不到一块四毛钱。"

店员感到很疑惑，老板继续解释道："假设这款餐桌寿命为 10 年，计 3600 多天，每天不就是不到一块四毛钱吗？一片最便宜的面膜也不止这个价格啊。而且今天预订的话，我们还有其他优惠哦。"

店员一听，恍然大悟地说："你是把一大笔钱分割成小钱，先从心理上留住顾客，这个思路确实值得我学习。"

后来，店员转变了自己的推销理念，店里的生意也越来越好了。

所以说，说话也是有技巧的。有时候，换一种表达方式，既可以引起别人的兴趣，也可以达到自己的目的。而有的时候，委婉地说出自己想说的话，会使对方了解到其中暗指的内容，也会让他们觉得自己受到了尊重。

例如，如果你觉得一个人的绘画功底不足，直接批评他的作品，可能会让他感到尴尬，甚至伤害到他的自尊心，这时，你可以换一种说法来表达。比如，在他的作品中找出一些可取的点，让他觉得开心，然后再委婉地说“但是”，提出自己的批评与建议。这样会让他更容易接受你的批评，虚心采纳你的建议。举个例子，你可以这样说：“我觉得你作品里有一部分的配色很好看，若是能注重一下整体性或许会更好，你觉得呢？”这样既提出了自己的建议，又表达了对他的尊重。

那么，委婉表达可以用来干什么呢？我们来了解一下：

第一，委婉表达可以用来劝诫。

委婉地劝诫可以避免直言不讳给对方造成的心理冲击，能够给对方提供一个“缓冲的地带”，让对方在相对温和的语言环境下，去冷静理智地品味你给出的意见。

禁忌，是委婉用语的重要原因之一。古人不敢直接谈论上级和长辈的行为，只能采取间接、委婉的方式来表达自己的看法。在古代，当官员们看到皇帝有做得不对的地方，他们会在劝谏时委婉地表达自己的看法，然后让皇帝自己揣摩其言下之意。

古时候，秦王和中期之间曾发生过一场争吵。争吵的结果是秦王输了。于是，中期一脸得意、昂首阔步地走出宫殿。秦王非常气愤，想找个理由处死中期。一个与中期关系密切的人得知此事，便对皇上说：“中期真是愚蠢，根本不懂得君臣相处之道。他很幸运能遇到像陛下这样英明的君主。如果他遇到的是一个暴君，他早就不知道死多少回了！”

秦王听了这话，觉得再给中期加罪会显得自己心胸狭窄、残忍凶暴，于是便饶恕了中期。

在秦王勃然大怒的情况下，为了保护中期的性命，中期的朋友如果直言秦王不要杀人，只会起到火上浇油的负面效果。他用几句委婉迂回的话直击事件的要点，寓意丰富，不仅批评了中期的鲁莽与无礼，也暗示了皇帝杀死中期是暴君的表现，如此便平息了秦王的愤怒。无疑，这是一种很高明的表达。

第二，委婉表达可用于嘲讽。

当你说的话带有讽刺意味的时候，由于意思的复杂性，对方真正充分地理解了句子的意思，就可能失去了反击的机会；而由于表达的间接性，对方也不容易回击，只能默默地解析话中的含义。

第三，委婉表达还可用于避讳。

有一些事，我们可能不好意思直接表达出来，这时可以采用委婉表达的方式。

春晓的男朋友在公司里被领导批评，觉得自己很委屈。下班后回到家，他一进门就朝着春晓大吐苦水，时不时还蹦出几句辱骂领导的脏话。乱发一通脾气后，他才发现春晓的父母也在家里，场面一度十分尴尬。事后，他觉得自己的行为有些失态，他向春晓道歉：“对不起，不小心给你父母看到我的臭脾气了，二老对我是不是有了不好的看法？”

春晓说：“你需要我把不好的评价都省掉吗？”

“是的。”

“好吧，那他们什么都没说。”

春晓的男朋友一听，便明白了春晓的父母对自己都是不好的评价。

适当地加上肢体语言的修饰

当我们和别人接触与交流时，除了可以用传统的语言来表达自己的意思，还可以适当地结合肢体语言。肢体语言是一种补充传统语言的交际形式。它是在我们“交谈”的时候产生的。它来自面部表情、眼神、手势、站立姿势和态度等。

当我们和别人沟通时，别人的表述，我们需要及时给予回应，除了传统语言表达，我们可以辅以点头表示同意，面露微笑，传达一种默契。在这个时候，肢体语言往往可以比传统语言更有效地促进交流。

婷婷刚大学毕业的时候，经常参加同学和朋友的聚会。她不善言谈，但却是个很好的倾听者。因此，别人有活动时也喜欢喊上她。

有一次，她陪上司去参加一场庆功晚宴，到会场没几分钟，上司就和其他人聊上了。由于婷婷不认识其他人，她只好坐着听他们说话。和上司聊天的人是一个旅游爱好者，游历过很多地方，当他讲述他去过的每一个地方时，婷婷总是瞪大眼睛，认真倾听，不时流露出好奇、向往的表情；而当那个人谈到他在旅行中遇到的一些激动人心的事情时，婷婷则会用崇拜、钦佩的表情来回应那个人。

在庆功晚宴结束时，那个人对婷婷的上司说："你的员工真是个聪明的人。"

眼神交流是我们肢体语言中非常重要的一部分。身体语言中，最不能忽视的就是眼神。无论何时，无论我们和谁聊天，透过对方的眼睛，我们都可以或多或少地捕捉到想要了解的信息。

人们普遍认为，自然的、没有闪躲的眼神接触可以表达一个人的真诚和坦率。因此，如果你是一个不善言辞的人，你应该好好发挥你的肢体语言，用真诚的眼神和微笑回应对方，这样即使你说得不多，对方也会认为你是个好沟通的人。

与别人交谈时，即便你嘴上给出肯定，但是，如果你的眼睛总是左顾右盼，那么，别人很可能会认为你在敷衍他。只有辅以肢体语言的修饰，用你的眼睛告诉他"你是对的"，对方才会更好地感受到你的真诚，并且更加信任你。

除了眼睛、表情，一个手势，一个姿势的改变，都可以成为一种语言而在交流中修饰对话。比如对方说了一个观点你很认同，你会在说“对”的时候，激动地用手指着对方，以表示你对他的肯定与理解，这样对方会获得强烈的认同感。

一般来说，肢体语言的使用是非常有效的，一些常见的肢体语言可以代替很多话语。但是你要知道，肢体语言只能起到辅助、修饰的作用，无论如何，都不要忽略语言的效果。

不宜直接指出他人的错误

无论多么亲密的朋友关系，也不可避免会有一些口舌之争。如果想让自己的观点被对方接受，不是比谁的声音更大，谁的态度更坚决、更激烈，而是看谁能够毫无痕迹地把自己的想法灌输到对方的意识中。

面对争论，大多数人都不会轻易屈服于对方。因此，有时候辩论双方会据理力争，甚至吵得不可开交。这不仅会伤了彼此的心，更影响朋友之间的友谊。事实上，和朋友争论是没有太大意义的。你想说服对方，无非是想让对方接纳你的观点。然而，很多问题并没有绝对的是与非、错与对，一个自信、成熟、有活力的社会，应该允许有不同的声音存在。一个自信、成熟、有包容心的人，也应该学会尊重别人的观点。

美国某大学做过这样一项实验。他们花了 7 年时间调查发生争吵的原因，例如夫妻之间的争吵、同事之间的争吵、店员和顾客之间的争吵、朋友之间的争吵，甚至还调查了联合国的研讨会情况。实验结果证明，只是一味地选择攻击对方永远不会赢得争论。相反，能够控制自己的情绪，尊重对方观点的人往往能够改变对方的想法，让对方的思想在潜移默化中发生转变。

从这个实验结果中我们不难看出：人们在争吵时，都想保护自己的观点不被他人攻击。这时，若能稍微照顾一下对方的心情，就可能避免许多无谓的争吵。

本杰明·富兰克林曾在自传中谈道："我立下一条规矩，正视别人的意见，决不让自己武断。我甚至不准自己在文字表达或言语上有过分肯定的词句。我绝不用'当然''无疑'这类词，而是用'我想''我假设'或'我想象'。当有人向我陈述一件我不以为然的事情时，我绝不立刻驳斥他，或立即指出他的错误。我会在回答的时候，表达在某些条件下，他的意见没有错，但目前看来好像有些行不通。"

"凡是我参与的谈话，气氛变得融洽多了。我以谦虚的态度表达自己的意见，不但容易被人接受，冲突也减少了。我最初这么做时，确实感到困难，但久而久之，就养成了习惯。也许，五十年来，没有人再听到我讲过太武断的话。这种习惯，使我提交的新法案能够获得同胞的重视。尽管我不善于辞令，更谈不上雄辩，遣词用字也很迟钝，有时还会说错话，但是，我的意见还是得到了广泛的支持。"

每个人说错话或做错事都是有原因的，所以即使我们知道错在自己，有时也会强调客观的原因，认为自己就是对的。

当我们不想承认自己错的时候，大都是情绪在作祟，与事件本身关系不大。当我们犯了错误，我们可能会在内心自己承认。这时如果对方巧妙而友好地对待我们的错误，我们就很可能会大大方方地向对方承认。但如果有人想把一个难以接受的事实硬塞给我们，我们是不愿意接受的。

既然我们自己都有这种想法，那么就应该理解别人也会有同样的想法，所以不要强求所谓的“对”，攻击与反驳都要适可而止。

赞美一般人关注不到的地方

每个人都有各自的优点，每个人也希望自己的优点被他人认同。但是，除了那些鲜明的优点之外，我们更要关注他人不容易被发现的性格特点，甚至是不够自信、不够优秀的地方，多去鼓励，多去赞美，缺点也许也能转变为优点。

心理学家吉斯菲尔曾说：“有不少人，他们喜欢听相反的话；更有一些人，喜欢别人把他们当作有思想、有理智的思想家。有一回，我与一个人讨论一件颇有争议的社会问题，我对他说：‘因为你是如此的冷静、敏锐，所以我想知道，我们究竟应该站在什么立场？’他听了我的话，立刻表现出踌躇满志的样子，并详细地向我表明了他的立场态度。通过此事，我判断此人是非常乐于接受类似于‘敏锐、冷静’之类的评价的。

“几乎所有女人，对美丽的容颜都是有追求的，并且常常希望别人赞美这一点。但是对那些有沉鱼落雁之容、闭月羞花之貌的绝代佳人，那就要避免对她容貌的过分赞誉，因为她对于这一点已有绝对的自信。如果你转而去称赞她的智慧、仁慈、才能，则更能令她芳心大悦。”

如果想让赞美的话更具效果，就有必要了解人与人之间的性格差异，这样我们就可以更加有的放矢，说出来的话才越能掷地有声。

即使是普通的人也有隐藏的光芒，这些都是个人价值的生动体现。一个伟大的领导者往往有一双“好眼睛”，他们往往是发掘美并懂得赞美的专家。

许多人常常会对司空见惯的赞美一笑置之。如果你说了一些别人没怎么提过的好话，你的赞美往往可以直抵他们内心深处，他们会因为你发现了别人没有注意到的优点，而认为你很了解他们。

小玉的长相很出众，每个人见到她第一面都会说：“你长得真漂亮。”起初，小玉听了会感到很害羞，有时会不知所措，但是时间长了，身边的人都经常夸赞她长得漂亮，让她觉得自己的美貌是公认的。久而久之，再有人夸赞小玉漂亮，她便习以为常、无动于衷了。有时，她会感到失落，她觉得自己的美貌让别人忽略了她真正的优点。她不想被当作花瓶，所以有时别人夸赞她，她会觉得是一种讽刺。一天，与她共事的同事，在和她完成一项工作后，诚恳地对她说：“你真的很有才华。”这让小玉顿时心情大好，别人都是夸她长得好看，而夸其他优点的却很少。从那以后，小玉便很喜欢与那位同事共事，也时常会主动去帮助那位同事，因为小玉觉得，那位同事才是真的理解她。

所以说，有时候，我们赞美别人不太被人关注的地方，更有可能获得对方的好感。而且，在赞美的同时，我们可以更好地表达我们的善意，从而让对方给予我们信任。

赞美别人不被关注的地方，不仅可以带给别人出乎意料的惊喜，也可以避免让别人觉得我们在阿谀奉承。当然，赞美的前提是欣赏，欣赏也是有技巧可言的，具体应该怎么做呢？以下两点供你参考：

第一，试着欣赏他人不太自信或不为人所知的优点。如果你第一次见到一个学霸，你对他的学习成绩表示赞赏，那他最多只是微笑表示感谢，并不会让他感到有任何特别。但若是你赞赏他的风度和气质，他可能会认为你很有眼光。

第二，欣赏别人不可能凭空而来。如果你欣赏对方没有的优点，对方就可能怀疑你是否在讽刺他，或者认为你是一个曲意逢迎的人。

欣赏一个人，始于颜值，敬于才华，合于性格，久于善良，终于人品。

层次越高的人，越懂得尊重别人

人，最大的修养，便是学会尊重。美国诗人惠特曼说过："对人不尊敬，首先就是对自己的不尊敬。"

尊重是一种不由自主的高贵人格的自然流露，是个人内在修养的外在表现。你对待别人的态度里藏匿着你最真实的教养和人品。只有善待并理解身边的每一个人，你才会收获他们发自内心的尊重。

孙杰和钱路是同事。因为孙杰的工作能力比钱路强，这让钱路心里感到不舒服。出于这个原因，他总是抓住机会就对孙杰说一些挖苦的话来平衡他的嫉妒心理。

当孙杰获奖时，钱路当面会对他说："你的工作能力那么强，叫我们这些能力一般的如何生存啊?"可是，当孙杰不在场时，钱路却和其他同事开玩笑说："孙杰拍马屁的本领真是高，把领导们哄得别提多开心了……"

一次，大家围坐在一起商讨一个项目。孙杰因为私下做了很多努力，准备了很多材料，于是分析得头头是道。他刚刚讲解完，便让大家评论他的想法。这时，钱路阴阳怪气地说：“咱们组的孙杰花了那么多时间、那么多的精力做的总结，听上去信息量很大，但是我怎么没太明白呢？你们都明白吗？还是我的水平太低了？”

钱路的话一说出口，大家就明白了他话里的“玄机”。孙杰气得脸都红了，说：“你有什么建议吗？”很明显，钱路的话有些无理取闹。面对钱路的傲慢无礼，孙杰本想当面反驳，但是他知道那并不是绅士的做法，所以他忍住了。

后来，孙杰凭借自己的能力成了钱路的上司。而钱路却由于一次重大失误，被公司解雇了。

无论做什么事情，都要克服自傲、固执和偏见，学会设身处地、换位思考，学会考虑别人的感受。想要得到别人的理解与尊重，就要先去尊重、理解别人。尊重别人就是尊重自己。身处职场之中的我们，应该从哪些方面去做到尊重他人呢？

在基本的礼节上要做到尊重

当我们踏入职场时，与同事见面打招呼，可以说是最基本的礼貌。不管我们是否熟悉，见面时互相问候，这不仅能显示我们的热情，还能让别人感受到尊重。当我们看着别人的时候，我们应该学会用友好的眼神和微笑对待别人。如果我们能以友好的方式表达我们的尊重，别人也会以同样的方式回报我们。

“尊重公司里的每一个人”，这不仅仅是一句口号，更重要的是，你需要执行它。

学会倾听，是尊重的表现

对于职场新人来说，学会“倾听”是有必要的。“倾听”也表示尊重他人。当我们谦卑地弯下腰，全神贯注地倾听时，对方通常都会说得更多。因为人们喜欢专注于自己的问题和兴趣，当你仔细倾听时，对方会感到被重视。更重要的是，你的“倾听”会给对方留下好印象。

在一些原则问题上要做到尊重

作为单位领导，我们应该学会尊重下属，不要因为下属听从于领导，就随意损害下属的人格。领导应该能够虚心听取下属的意见和建议，以宽容的心态对待下属的一些不礼貌和错误，尽力帮助他们改正错误。

作为普通员工，我们应该学会尊重领导、尊重同事，自觉维护领导、同事的尊严，不干涉领导、同事的私事，不随意披露领导、同事的隐私，不诋毁领导、同事的习惯和爱好，不嘲笑领导、同事的短处与缺陷，对领导在工作方面的安排表示服从和尊重，在工作中对同事给予积极配合与帮助。

别让说话陋习暴露了你的教养

你说话时小动作是否太多？嘴角是否翘起？表情是否难看？紧张或者心虚时，是否会导致面部甚至肢体变得僵硬？心情变化时，语调是否会有很大的变化……这些问题该如何自查，又该如何解决呢？

说话时用鼻音

说话有鼻音很常见，当你通过鼻腔说话时就会出现鼻音。如果你用拇指和食指捏住鼻子，所发出的声音就是鼻音。如果你说话时嘴巴张得不够，声音就会从鼻子里发出来。在电影中，鼻音是一种表演技巧。如果演员扮演的角色喜欢抱怨、脾气不好，他们往往会用鼻音说话。除非身体原因等特殊情况，你最好不要用鼻音说话，而要用胸音。正确的方法是，平时说话时，上齿与下齿之间保持半寸的距离。

声音太尖厉

当人害怕或发脾气时，他们经常会提高自己的声音，甚至尖叫。一般女性这样做的比较多，这是值得注意的问题。因为尖厉的声音比浓重的鼻音更糟糕。你可以对着镜子模拟一下，当你的脖子紧张时，你的血管和肌肉会像绳子一样突出，下巴附近的肌肉会明显紧缩。好看吗？一点都不好看。这时你需要放松，控制自己的情绪，尽量把声音放低。

语速不当

一般来说，想要始终保持适当、得体的语速，即便是一些专业的演讲家，也难以掌握。如果你语速过快，听众会听不懂你到底在表述什么；如果你语速过慢，听众会感到不耐烦。根据心理专家的说法，适当的语速是每分钟 120 至 160 个字。而语速不应该是固定的，你的思想、情绪和所要讲述的内容都会影响你的表达速度。适当的停顿和变化的语速会让你的表述更加生动。

频繁出现的口头禅

在日常生活中，人们会听到诸如“那个”“你知道吗”“不是吗”“对不对”“然后”“嗯”等口头禅。如果一个人在表达中反复使用这些词，一定会让他的表述在听众面前减分，而且很容易暴露其性格及心理状态。

霍姆斯说：“切勿在谈话中散布那些可怕的‘呃’音。”如果你有录音机，可以把自己的声音录下来，看看有没有问题。这里有一些克服口头禅的方法可供参考：

（1）默读。因为对自己要表述的内容感到陌生，才会让你情不自禁说出口头禅。当你说完一句，却忘记了下一句，就需要一些时间去思考，这时也就需要用口头禅来填充思考的时间。遇到这种情况，应该事先默读几遍自己要说的话，对内容、措辞的熟悉，可以减少口头禅的出现，甚至彻底避免口头禅。

（2）大声朗读。要克服口头禅，就要把你的语言表达从含混不清变成清楚流利，平时可以多大声朗读老舍、叶圣陶、季羡林等语言大师的作品，有助于用规范的语言提高自己的语言表达水准。

（3）聆听标准的语音。主持人、配音演员的语言一般比较标准。平时听收音机、看电影时可以跟着他们说。听的越多，学的越多，你会在潜移默化中发现你的口语提高了，你的口头禅也减少了。

（4）刻意规避。听自己的录音，发现自己的口头禅，然后在说话时提醒自己，避免说出那些口头禅。

（5）尝试慢语。试着慢慢地说话，养成花时间思考和说话的习惯，一句一句地想，一句一句地说，是非常有利于克服口头禅的。

说粗话

说粗话是一种恶习，也是没有素质的体现。俗话说，习惯成自然，任何事情，只要它成为一种习惯，就会自然而然地发生。说粗话也是如此，一旦一个人养成了说粗话的习惯，连自己都没有意识到，有时话说出去了，自己才反应过来。说脏话一旦养成了习惯，就不太容易克服。一种有效的方法是记住你最常说的脏话，然后把注意力放在改掉这些脏话上，或者请别人监督你也可以。当然，这里的“别人”最好是了解自己的人，这样更有助于改掉自己的恶习，请别人督促可以起到提醒、检查的作用。

口吃

口吃，又叫结巴，是一种习惯性的语言缺陷，是极少数人的一种病理反应。口吃是在说话时重复或中断一句话的现象。治愈口吃，除了用药物治疗，更重要的是消除心理障碍。日本前首相田中角荣小时候就是口吃患者，为了克服这一缺陷，他经常背诵课文，并在镜子前纠正自己的嘴型，以便准确发音。后来，他成了一位著名的政治家和演说家。有口吃的人不妨试试这个方法，坚持大声朗读，并保持良好的心态，这样做一定会产生好的效果。

肢体语言过多

你可以注意一下，自己在说话时是否不断出现以下动作：坐立不安、扬眉、歪嘴、拉耳朵、摸下巴、蹙眉、理头发、转笔、拉扯领带、抠指甲、抖腿等。这些都是影响你表述的不良因素。当你说话时，肢体动作过于频繁，听者会被你的动作所吸引，而不会在你说的话上集中注意力。

第三章

找不到话题，这样做就对了

和人聊天时找不到话题，像是没话找话说，怎么办？原因很简单，话题并不是凭空制造出来的，而是累积出来的。

开口第一句话就要消除陌生感

和陌生人说的第一句话，对自己的形象塑造至关重要，决定了自己在别人心目中的第一印象甚至长久印象。说好第一句话，可以迅速拉近人与人之间的距离，消除彼此的陌生感。

打招呼有三种常见的方法：

致以最亲切的问候

“你好”是一种常见的打招呼用语，最好根据不同的对象和不同的时间使用不同的问候语。

对敬爱的长辈，说“您老人家好”是适当的，表示尊敬；对医生、老师说“李医生，您好”“王老师，您好”，表示尊重；在节日期间，说“节日好”“新年好”能给人以喜庆佳节的感觉；早上见面说“早上好”要比直接说“你好”更合适。

攀亲附友

赤壁之战中，鲁肃见到诸葛亮的第一句话是：“我，子瑜友也。”子瑜是诸葛亮的哥哥诸葛谨。诸葛瑾是鲁肃的密友。这一句话就间接表明了鲁肃与诸葛亮的关系。其实，任何两个人，只要彼此多了解一点对方，就不难发现双方都有这种“亲密”的关系。如：

“你是北大的毕业生？我大学也是在北大念的。真巧，说来我们还是校友呢！”

“你是专业画家，我妹妹酷爱画画，很有缘分呢！”

“原来你老家是东北的，我也是土生土长的东北人，今天见到乡亲了，真是开心啊！”

表示钦佩

对初次见面的人表示尊重和钦佩，这是热情和礼貌的表现。这就要求我们必须注意把握分寸，言语要恰到好处，不要阿谀奉承。赞美的内容应该随着时间和地点的不同而不同。如：

“您的作品我看了很多遍，受益匪浅。没想到今天在这里我能见到作者本人！”

“今天是教师节。在这神圣的一天，我很荣幸认识您，您是一位享有盛誉的老师。”

“您的专辑我都买过，今天能来看您的演唱会，并且来到后台获得您的签名，真的像做梦一样！”

说好第一句话，只是沟通的开始。要想彰显自己的品位和见解，让沟通在愉快、融洽的氛围里进行，还有两点需要注意：

第一，双方必须确立共同关心的议题。有些人认为，陌生人第一次见面，不太容易找到共同感兴趣的话题，这是不对的想法。大家生活在同一个时代、同一个国家，只要善于寻找，怎么会没有共同话题呢？打个比方：一位小学老师和一位出租车司机看似没有任何交集，但是，如果司机恰好是一名小学生的家长，那么双方就可以讨论如何教育孩子等问题。如果小学老师正在学习驾驶，就可以询问司机一些与驾驶有关的信息。

某一方面的共同利益，某一件我们关心的事情，无论社会新闻还是生活小事，都可能成为双方沟通的话题。

第二，关注对方的现状。想要给对方留下良好的深刻印象，还必须通过观察对方的言语，了解对方近期最关心的问题，从而掌握其心理。

例如，知道对方的经济状况不太好，为生计发愁，导致他一直很苦闷，你应该说些安慰的话，比如“会好的”“困难总会过去的”，如果可以提供可行性的建议，那再好不过；如果对方觉得生活没什么希望，你可以给对方讲一些积极向上的例子，鼓励对方，如果对方的经历让你感同身受，适当地现身说法也未尝不可。在这种场合，不要谈论钱的重要性，更不要炫富，尽可能地避开敏感话题，注意保护对方的自尊心。

记住别人的名字，到底有多重要

刘泰想成为一名服装设计师。恰巧他的一个亲戚和某服装设计公司的经理是好朋友，于是刘泰找到这个亲戚，让他帮忙询问一下工作的事情。沟通之后，亲戚说好友让刘泰去面试，走个流程。但是面试之后，刘泰却迟迟没有得到回复。于是，刘泰买了一些礼品，打算去拜访一下亲戚口中的这位好友。他按照亲戚给的地址找到了经理的家，由于他之前没见过这个经理，所以门开了之后，他没有直接认人，而是问了一句：“请问您是刘先生吗?”对方看了看他，说了一句“不是，你走错了”，便关上了门。刘泰一脸茫然地站在原地，有点生气。他一边往回走，一边给替自己介绍工作的亲戚打电话。亲戚听完刘泰的描述后，马上说道：“我给你的地址没错，不过那位经理姓赵，你记错了，他不姓刘，你那么问，人家当然说不是。而且，平时别人都叫他经理，你下次去不要叫赵先生，叫赵经理更适合一些。”听了亲戚的话，刘泰恍然大悟，虽然自己刚才态度还算不错，但是自己不仅把对方的姓给弄错了，而且称谓也不恰当，怪不得对方回完话就直接关上了门。

后来，当刘泰再次去拜访赵经理的时候，他“懂事”多了。他敲开对方的家门，亲切地说：“您好，赵经理，我是孙洁的侄子……”还没等赵泰说完，赵经理便热情地让刘泰进屋了。经过一番沟通，赵经理说自己这阶段太忙了，忘记安排工作这件事了，等周一上班就给刘泰落实工作的事情。

由此看来，记住别人的名字不但可以提高办事的效率，更是尊重对方的一种表现。

那么，记住别人的名字，具体有什么意义呢？

满足对方的虚荣心

每个人都有虚荣心，很多人努力工作，很多时候都是虚荣心的功劳。你需要住大房子，买一辆好车，拥有一个舒适的生活，所以你努力工作，想要得到这些。除了物质上的虚荣，每个人还需要填补精神上的空虚，虽然有些时候我们并不是发自内心去赞美一个人，但那些美丽的辞藻可以满足人的虚荣心，给人如沐春风之感。能准确地叫出一个陌生人的名字，可以让对方有一种精神上的满足，感觉自己被记住且被重视。

体现个人修养

有时，准确地称呼对方的名字不仅是尊重，也是个人修养的一种体现。认识陌生人的方式无非两种，经人介绍与主动结交。如果你要拜访一个客户，事先了解他的姓氏、职位和兴趣，正确地称呼对方的名字，能反映出你的职业素养。

在过去，英国王室认为叫错别人的姓名是一种可耻的行为。他们觉得叫错别人的名字或者不叫别人的名字，都是不礼貌和低素质的表现。因此，在职场中，准确地喊出对方的名字不仅可以提升你的形象，也有利于你的谈判结果和签约结果。

消除障碍和陌生感

三个不太熟悉的人聊天，一般人都会更喜欢和记住自己姓名的人多说一些话。因为通过叫对方的名字，能够让对方感受到你的友好与真诚，可以有效消除陌生感和隔阂，让两个陌生人走得更近。

为进一步的交流铺平道路

当我们接听到一个陌生来电，无论对方出于什么目的，只要对方能够准确地叫出你的名字，你往往就会耐心地听对方把话说下去。但如果对方叫错你的名字或姓氏，你很可能心生狐疑，甚至直接挂断电话。换位思考，如果你在主动联系对方的时候，原本做足了功课，满腔热情，但因为一开口喊错了名字，对方很有可能因此对你心生芥蒂，阻断继续交谈的可能，甚至严重影响到后续的合作。

我们每一天都在接触新的人名，怎么才能记住每个人的名字，并对号入座呢？请参考以下方法。

拜访之前做一些调查

不管是出于什么目的，在拜访一个人之前，我们都必须知道这个人的名字，或者至少知道他的姓。如果你真的想从陌生人那里受益，你就必须先了解对方的基本信息，尤其是姓名、兴趣爱好等。不要认为这是一件苦差事，解决这个小问题，通常会给你带来很大的好处。

给自己施压

如果你时常对自己说“我一定可以记住所有人的名字”，一种自我施加的压力会迫使你有意识地关注别人的名字，直到你能准确地在心里说出对方的名字。这时，你不仅履行了对自己的承诺，整个人也会变得更自信。这是一个需要长期坚持的习惯。

问清楚对方的名字

大多数人都喜欢被别人问清楚自己的名字。不要认为问别人的名字会让他们不舒服，事实上，人们会很高兴听到你问：“对不起，你能再说一遍你叫什么名字吗?”“你的名字是这样写的吗?”当你认真地问清楚对方的名字时，一方面，你在向对方传达“尊重你”“重视你”的信息，对方的心理上会得到一定的满足；另一方面，你也得到了重复记忆、加深印象的机会。

联想记忆

素未谋面之前，我们可以在脑海中想象一下对方是什么样子，比如大气、优雅、坚强、霸道、活泼、沉闷、开朗、严肃……也可根据名字中的文字来想象这个人，也许见面后，看到的人与自己的想法会有差距甚至存在巨大的反差，但正是这种反差，反而更有可能让我们记住对方。在交流结束的时候，你也可以回忆对方的一些特点，比如口头禅、习惯动作等，以加深对方在自己脑海里的印象。

“废话”有时并不“废”

在一些正规场合，理论上讲，似乎应该避免说一些“废话”。其实不然，有些场合可能更需要“废话”。据说，连任三届美国联邦储备委员会主席的艾伦·格林斯潘就被称为“废话大师”。他擅长在开展工作的时候说“废话”，“创造”了一种语无伦次与模糊重复的混合物：“FED 语言”（美联储语言）。

不管是我们见面时的礼貌寒暄、散步时的随意交谈、餐桌上的亲密交流，还是正式会议前的客套攀谈、分开时的郑重告别，其中都少不了依靠“废话”来建立人际关系。

据统计，90% 的人际关系是由“废话”建立的，80% 的工作交流也是由“废话”组成的。“废话”没有固定的标签，从一个角度来看，它是无用的；从另一个角度看，它确实具有存在的价值。我们不能总是严肃地谈论事情，偶尔也需要说些“废话”来缓解疲劳或紧张的气氛。

不会说“废话”，很可能会让聊天气氛变得尴尬，以至于朋友少、信息少，别人说什么都容易认真。在茶水间遇到领导，可以说些天气问题，或者夸领导今天的穿着搭配等“废话”，这样可以在轻松的交谈氛围中拉近上下级的关系。在宴会上，每个人都聊得很火热，可是你插不上一些“废话”，就无法融入他们的谈话。因此，在某些情况下，“废话”已经不再是废话了，可以成为非常实用的“工具”，来烘托气氛、营造氛围，或者传递某些信息。

小凯是一名销售人员，他就很擅长说“废话”来促进自己和客户间的交流。他会在客户不知道说些什么的时候，主动接话，聊一些看似不相干的话题。比如正在谈判中，他看到送外卖的小哥会说：“你看，送外卖的大多数不是‘饿了么’就是‘美团’，有存在就会有竞争，两家公司就会各自努力提升自己的服务质量。无论对于企业，还是对于消费者来说，围绕服务质量的竞争都是一种良性的、健康的竞争。我们一直都是这么做的。”

小凯说的是废话吗？当然不是，他的话首先会让对方察觉到他对市场和行情的了解。其次，对方能感知到小凯对于竞争所持的态度。最后，小凯是在提示对方，自己已经做好了一切准备。

看似不经意的“废话”，却在无形中给了对方更多的思考空间和意外收获。试问：和这样的人聊天，还有什么话题是聊不通透的呢?

“废话”具有缓冲、润滑的作用。如果别人毫无保留地突然发泄自己的怒气，可能会立即打破你的防御，你会感到疼痛，会感到有一种无法接受的尖锐向你袭来。但若是在这之前对方说了一些“废话”以暗示自己要爆发，可能等对方真正爆发的时候，你已经构筑好了心理防线。这时候的“废话”就起到了润滑剂的作用，对方可以用一种你可以理解的方式来解释他的愤怒。“废话”具有检测、试探的作用。“废话”除了可以安抚人的坏情绪，还可以试探对方的兴趣爱好，感知对方的忍耐极限，知晓对方是否已经濒临崩溃的边缘。

有心理学家做过一项有趣的统计，每天说的“废话”超过90%的人幸福感比较强，而那些每天说的“废话”少于50%的人反而没有那么快乐。

“多好的天气啊!”也许很多人认为这句话并没有什么内涵，实则不然，说这句话的目的可能是为了延伸其他更多的意思，如“我心情不错”“我想要活动一下”“请支持我”等。此外，在某种心情下，脱口而出、有感而发的话，会让人心情愉悦，感到放松。

在心理咨询诊所，很多内向的人都患有心理疾病。患病的原因多半是他们说话太少，没有朋友，没有地方发泄自己的情感。他们谨言慎行，害怕说错话，所以大多数时候选择不说，更不会说一些所谓的“废话”。其实人在沟通的过程中，往往是需要用“废话”来填充和调剂的。自从人类创造了语言，语言就成为人类最重要的交流工具。但是语言本身不一定都趋向于某种目的，没有目的的语言，更能够让人觉得亲近。

在生活中，“废话”多的人常常会在无意识的状态下将自己的快乐、幸福传递给周围的人。因此，你一定要明白：“废话”有时并不废，没准是个宝贝。

“没话找话”也是一种本事

有些场合，需要你主动打开话匣子，以便增进感情、推进项目、促进合作。这时，没话找话就是一种技能。那么，具体应该怎么去做呢？

学习情景对话

如果你和许多陌生人同处在一个陌生的环境，比如某个社交聚会，一定要把它当成一般场合去对待，这样才能游刃自如。你可以和别人谈论一下所处的环境、所在的地方，或者谈谈这个聚会的主题。你也可以就自己和他人的穿着打扮进行讨论，在这之前，谈论一下当天的新闻或者天气，也是聊天的突破口。如果你想参与到别人的谈话中，不妨先倾听一下他们正在讨论什么话题，如果刚好是自己能驾驭的，那有什么理由不参与其中呢?

想要打破僵局，你可以从以下一些问题入手:

“您是怎么知道这个聚会的?”

“您觉得这里的环境怎样，您喜欢吗?”

“外面好像要下雨，您是开车来的吗?”

“您是第一次参加这种聚会吗，还是常来?”

“我在找一个朋友，您能帮帮我吗?”

“我朋友叫……您认识他吗?”

“咱俩今天的衣服都是红色的，真有缘分呢!”

一旦有了这样的开始，谈话就很容易进行下去。

主动进行交流

想象一个场景，你被邀请去参加一个联谊会，邀请你的人说会给你介绍一些新朋友，并相信你会和那些新朋友聊得很好。但是当你到达会场后，邀请你的人忙得不可开交，顾不上你，她只是把你带到一群人身边，便急匆匆地走了。你整个晚上都坐在一边，等着邀请你来的人把你介绍给其他人，可能要很久之后，甚至联谊会都要结束了，你才被介绍与那些人认识。这种情况其实是可以避免的。你完全可以主动和其他人打招呼，说:“你们好，我是某某人的朋友，她邀请我来参加这个联谊会，说我能遇到一些有缘的朋友，我想，她说的朋友就是你们吧。”这样，别人听了你的话就会主动询问你的名字，和你进行交流，等到邀请你的人忙完回来时，她会发现你们早已聊得火热。

很多时候，你要主动出击，不要指望别人帮你交友。

同样地，如果你看到一个熟人，或者你在其他场合见过他，你也可以主动和他打招呼，对他说：“你好，我是某某人，我在某某地方见过你。”紧接着，你可以补充一些细节：“我记得你告诉我你在准备考试，准备得怎么样了？”这样对方就会默认为你们是朋友关系，与你分享更多自己的事情。如果你见到他装作不认识、不主动说话，两个人的友谊可能就没有发展的机会了。

巧用询问展开沟通

不要强迫别人谈论敏感话题，以免破坏两人之间的谈话。当你问一个人一件事时，他支支吾吾，闪烁其词，表达不明确，很可能是因为他不知道如何回答，或者他有很多顾虑，再或者他根本不想谈论这个事情。这个时候，你就要懂得察言观色，避开此类问题，及时转移话题。或者，你可以在问问题时给对方留有余地，用一些“方便说吗”“你感兴趣吗”等结尾，以表示自己没有恶意，完全尊重对方的意愿。试着以积极的态度谈论一个话题，这会让彼此感到轻松。

抛出好问题，打开“话匣子”

陈欣发现员工王琳最近工作心不在焉，总是频频出错，不在状态，但她没有急着质问、责备王琳，而是找时间把其叫到了办公室，首先告知王琳不用紧张，只当成闲聊就可以。然后，陈欣问王琳：“我看你最近工作有些不在状态，难道是最近有什么烦心事吗？”

王琳听了没有马上回答，而是沉默了一会儿，然后点了点头。

“有什么需要我帮忙的吗？”陈欣问道。

“谢谢陈总，不用。”王琳急忙说，然后道出了自己的烦心事。原来是家里人最近在给她安排相亲，可是她不想去，于是和家里人吵了一架，白天工作总是想着这些事，便无法专心工作。

得知情况后，陈欣给王琳放了几天假，要她回去心平气和地和家人谈谈，把心结打开，然后再回来工作。

休了几天假后，王琳精力充沛，态度也比以前更加积极了。

试想，如果陈欣直接责备王琳，或者直接问她为什么工作不认真，王琳心里可能会感到不舒服，不愿意说出实情。她可能会因为自己的分心而自责，可能会给陈欣道歉，但她的问题依然得不到解决。

交流是信息互换的过程。两个人交流，最忌讳的是一方总是保持沉默。那么如何开始对话呢？最好的方法是提出问题。你不能仅仅通过谈话来理解对方的担忧，你要提出问题，让他们说出来。只有通过提问，我们才能了解他人的需求和动机。

因此，我们要善于提出问题，然后认真倾听对方的回答。除了专心倾听外，我们还要不时插入新的问题，掌握主导力量，层层递进，和对方展开更深入的交流。

一位女士走进首饰店。售货员佳佳忙上前问道："这位女士，您需要买些什么？"

女士脱口而出："随便看看。"虽然女士的态度明显缺乏热情，但是佳佳依旧保持微笑，她想，如果不找些话题提起女士的兴致，恐怕很难留住女士离去的脚步。于是她仔细观察了这位女士，突然发现女士衣服的后面是星座的图案。她猜想这位女士可能对星座感兴趣，于是说道："您这件上衣的图案好特别，是什么呀？"

"啊？"女士的视线从商品上移开，回答道，"是星座。"

"哦，真好看呢！"佳佳说。

"这是我老公给我买的，他知道我喜欢研究星座，所以买了带星座图案的衣服送我。"

"哦，原来您喜欢星座呀？正巧，我们店里刚到了星座系列的手镯，你要不要看一下呢？"佳佳热情地问道。

“好呀，你拿给我看看。”女士瞬间兴致盎然。

聪明的佳佳正是巧妙运用了提问的艺术，从顾客的穿着入手，了解顾客的喜好，从而搭起交流的桥梁，最终成功地推销了自己的商品。

如果你有足够的自信和勇气，主动与他人交谈，并且给予自己的热情，通过询问适当的问题，让对方有话可说，有话想说，并且开心地说，那么，你就是沟通的引导者。只要我们找到正确的“钥匙”，就能顺利打开彼此的“话匣子”！

封闭式提问和开放式提问

在生活和工作中，我们会接触形形色色的人。如果你想和对方快速建立起友好的关系，获得你想得到的信息，你就需要找对话题来拉近彼此的距离。提问是最基本的交流方式，但是很多人会因为语言组织不当，或者抓不住重点，反而引起别人的警惕或反感。因此，先了解问题的本质，更有利于我们做出恰当的提问。

提问可以分为两种：封闭式和开放式。

封闭式问题

封闭式问题和做判断题或多项选择题差不多，回答可以很简单。例如：

“你老家是哪里的？”

“你喜欢《无问西东》这部电影吗？”

“你今天中午吃的是什么？”

“你觉得学理科好还是学文科好？”

…… ……

封闭式问题可以让对方提供一些关于他们自己的信息，以便你了解对方，也能够让他们表明自己的态度和观点。

尽管封闭式问题有着明确的方向，但是如果只提出封闭式问题，则会导致谈话终止。

开放式问题

如果你想让对话继续下去，并且有深度和兴趣，你需要提出开放式问题。

开放式问题就像我们上学时做的问答题一样，对方无法用一两个词来回答，而且可以发散思维。这类问题需要解释和澄清，也需要向对方表明你对他说的话感兴趣，想知道更多。

例如，当你得知对方是一名全职妈妈时，你不应该急于问下一个封闭式问题，而是可以问一些相关的开放式问题：“照看孩子有什么有趣的事情吗？”“你觉得有没有必要给孩子报兴趣班？”

从上面的例子可以看出，大多数的开放式问题和封闭式问题都使用不同的疑问词。你可能已经注意到有些人以开放的方式回答封闭式问题。尽管如此，与你交谈的人更喜欢回答开放式的问题，因为他们可以畅所欲言。当你问开放式的问题时，其他旁听者也会感到放松，因为他们知道你想让他们参与进来，想让他们充分表达自己。

当你开口提问题的时候，你将在很大程度上控制着话题的主导权。

假如有朋友告诉你："我刚从英国留学回来。"你可以根据自己的喜好，从以下问题中选择你感兴趣的：

"那边的天气如何？"

"你的英语口语一定很棒吧？"

"你有经历什么特别难忘的事情吗？"

"在国外留学有什么心得体会啊？"

"英国的食物，你能吃得惯吗？"

…… ……

如果有人向你自我介绍，说他是一名医生，下面这些问题可供你选择：

"你是什么科室的？"

"你当初为什么想当医生呢？"

"工作中有没有遇到特别难缠的病人？"

"每天接触不同的病人，你觉得辛苦吗？"

如果你不想谈论他的工作，你也可以问其他问题，例如："工作之余，你喜欢做些什么？"

最后，记住两件事：

首先，在提问之后要耐心倾听。如果你只是注重形式，不认真倾听对方的回答，对方会觉得你只是在敷衍他。

其次，不仅要考虑你想听对方说什么，还要考虑对方需要什么。不体谅对方的想法和需要是不尊重对方的表现。

有些“问题”最好别碰

问题过于宽泛

任雪的丈夫是一名大学老师，她向闺蜜抱怨自己生活索然无味。她说她每天的生活就是绕着孩子和丈夫转。早上送丈夫出门后，她便开始了一天的劳作，打扫家里的卫生，带孩子做户外活动、上兴趣班。下午去市场买菜，然后做好晚饭等丈夫回家。丈夫回到家后，她总是会问：今天过得怎么样？她委屈地说，自己真的很想听丈夫给她讲一些学校里发生的事情，可是丈夫总是很敷衍地回答她：“没什么稀奇的，就跟平常一样。”任雪觉得自己跟丈夫的话题越来越少。

闺蜜听完，指出任雪犯了两个简单的错误：

首先，她问的问题范围太宽泛了。问题的范围越广，需要回答的信息也就越多。比如“最近有什么新鲜事吗？”“你最近在忙什么？”“最近过得还好吗？”回答这样的问题通常需要耗费很多的精力和时间，所以大多数人会笼统地回答或者干脆选择放弃回答。

其次，“你今天过得怎么样?”这个问题听起来过于形式化，反映不出问的人的特别关心，所以答案往往也就是“还好”或“就那样”等，很难有什么具体的事件说明。

任雪每天都问同样的问题，这不仅显得她很死板，还会因为问题没有创意而让她的丈夫感到厌烦。

闺蜜建议任雪平时多了解一下丈夫所在学校的消息，针对丈夫比较熟悉的话题，问一些具体的开放式问题。比如，任雪的丈夫是教外语的，她可以问丈夫“学习外语是否有助于学生更好地了解其他国家的风土人情”，还可以谈一谈自己学习外语的经历，甚至可以让孩子也参与其中。任雪照着闺蜜的方法试了试，果真，丈夫下班后和她的交流明显多了起来。

开始的问题太难

一名做房地产的销售人员曾经讲过，当顾客走进售楼处，他并不会直接问顾客要看什么户型，因为这个问题太直接了，顾客极有可能说只是随便看看。如果追问得太紧，顾客很可能会想要离开。因此，一般情况下，他会问顾客现在住在什么地方，有什么换房需求，对未来新房有什么期望值等，这几个问题会让顾客放松下来。聊一段时间之后，他再把话题引导到销售上去。

因此，一般情况下，最好是以简单的问题开始，谈论一些对方感兴趣并且熟悉的话题。

问引导性的问题

引导性问题或许是最封闭式的问题，往往在问的时候已经有了趋向性。例如：

“明天会下雨，咱们取消出游计划好吗？”

“你不觉得他的观点很正确吗？”

“先加完班我们再去吃饭，对吗？”

“你有没有觉得这是一本毒鸡汤？”

…… ……

问出具有引导性的问题，有时会有一种替别人做决定的意味，所以，在社交场合中，这样的问题可能不会给你的人际关系带来好处。

提问之前就已经表示不赞同

当别人的观点和你的不一致时，你应该在表达你的不同意见之前弄清楚对方的理由，而不是在什么都不了解的情况下就急着反驳。例如，你遇到一个人，他告诉你，他最大的爱好是炒股，而你不喜欢炒股，因为你觉得风险很高，这时你不要急着否定他，而是应该以询问的口吻问他：“为什么你这么喜欢炒股呢？”从谈话中，你可能听到他炒股的心得，了解到炒股不全是靠运气，还需要智慧与自信。如果你急着反驳，可能会打消对方的热情，从而使谈话陷入冷场。

找不到提问的内容

空闲的时候，你可以提前准备一些问题，这比你自己即兴发挥要容易得多。此外，有意识地记住一些随时可能出现在尴尬局面上的备用问题也很有用。另外，要注意的是，当你开始接触开放式问题时，你需要多费一些心思，时间久了，问得多了，自然可以轻松驾驭各种场合。

第四章

一开口就让人喜欢你

很多人聊天都会选择一些网络热点，仿佛不知道这些就会显得不合群。那么，我们真的需要每天都关注热搜话题，去获取那些我们并不感兴趣或者对我们丝毫无益的信息吗？当然不是。

称呼很重要，千万别喊错

称呼是指人们在正常交际和社交活动中使用的称谓。在日常生活中，称呼要亲切、准确、规范。恰当的称谓不仅能体现出自身文化素质，也是对对方的尊重，更是成功交际的前提。

恰当的称呼就像一场欢迎仪式，让对方获得心理上的满足，令双方顺利地沟通。相反，不恰当的称呼往往会引起对方的不快甚至愤怒，使双方陷入尴尬的境地，造成沟通障碍或使交流中断。由此可见，称谓恰当与否在很大程度上决定着人们交际活动的成败。

称呼在人际交往中的重要作用早已引起人们的重视。社会心理学家认为，适当的称呼可以缩短人与人之间的心理距离，使人感到快乐、舒适，增加自信，有助于人与人之间建立亲密和谐的人际关系。

那么正确的称呼是什么样的呢？事实上，并没有统一的称谓模式。不同地区、不同民族、不同的语言传统可能有不同的称呼习惯。不同职业、职位、性别和年龄的人对称呼也有不同的需求和期望。这就导致了称谓的复杂性和多样性，增加了恰当称呼的难度，但是有一个共同点，就是尊重他人，注意礼貌，这样对方才愿意与你接触，才会主动与你交流，使沟通有一个良好的开端。

如下几点需要注意：

符合年龄身份

称呼必须符合对方的年龄、性别、身份和职业等。对长辈的称呼要亲切、礼貌；对同事的称呼要真诚、自然、友好；对年轻人的称呼要带一些关心和关爱；对待领导则要称呼其职位或职称。总之，要注意礼貌，既要表达你的真诚，又要尊重对方；既不要过于谦虚，也不要太傲慢。

有礼、有节、有序

当与众人打招呼时，如果有长辈、年轻人或异性在场，要注意称呼的顺序。称呼最能体现说话人的道德修养、知识水平和文明程度，也最能体现一个人的交际能力。先称呼长辈会使长辈感到受尊重，如果顺序颠倒，不仅长辈会不满意，先被称呼的人也会感到尴尬。此外，应注意尊重女士。在和一群年龄、地位相当的人打招呼时，先称呼女性会让对方觉得你很绅士，更愿意和你交流。

介绍要大方得体

自我介绍和被介绍是第一次见面必不可少的环节。适当合理的介绍，可以促进友谊的发展。要注意的是，无论你是介绍自己还是介绍别人，在称呼别人时都要有礼貌。

通常，若想把男士介绍给女士，在介绍的过程中，应该先提到女士的名字，然后再提到男士的名字。比如："刘小姐，给你介绍一下我的朋友，这位是赵先生。"但是，如果这位男士比这位女士年龄大很多，你应该先把女士介绍给男士，以示尊重。例如："赵先生，这是我的晚辈，你可以叫她小刘。"

在两个同性别的人中，应该先把年轻的介绍给年长的，以表示对年长的尊重。

未婚的人通常先被介绍给已婚的人，除非未婚的男人（或女人）比已婚的人大得多。

在同龄的人中，谁被介绍给谁并不重要，重要的是当一个人在社会上处于受人尊敬的地位时，别人就会主动把其他人介绍给他。总之，在介绍的过程中，首先提到某人的名字对其是一种尊重。

至于派对上的介绍方式，就有所不同了。在宴会、舞会或常见的聚会中，不需要一个接一个地介绍，主人只需介绍坐在自己旁边的客人互相认识就可以，其他的可自动和邻座聊天，不用等主人过来介绍。

轻松问候，把气氛活跃起来

问候也就是指打招呼，这是人与人建立语言交流的基本方法，能让陌生的人相互认识，使不熟悉的人变得熟悉，有活跃气氛的作用。

在路上或者在一些公共场所遇到熟人，当然要顺便打个招呼。也许你正走在路上，那么可以上前跟他握个手，道一声“你好”；也许你正在乘坐交通工具，与对方相遇时，可以点头微笑、挥手示意。如果手头上有急事要办，不得不抽身离开，在条件允许的情况下，请一定与对方说明事由，让对方感觉到你对他的重视。

如果是约定见面，或者有客人来拜访，在谈正事之前也需要问候对方，可以说“你好”“请进”“请坐”“需要来一杯茶还是咖啡”等等。另一种问候则是面对特殊情况，如对方是病人、老人、老师、朋友，或刚刚从病中康复、从远方而来与你见面的人，问候应当更体贴一些，这样能温暖人心，比如“一路奔波，辛苦了”“您气色看上去真不错”“好久不见，您还是这么健朗”等等。

问候的内容主要包括以下几个方面：

温暖的问候。这是一种常见的问候方式，对于加深人与人之间的感情有着重要的作用。

鼓励的问候。在话语里给予关怀与鼓励，给人以力量，促人奋进，他人会在日后感激你曾给予的正能量。

幽默的问候。在话语里加入一点幽默元素，有助于调节气氛，有时候甚至会达到令人意想不到的效果。

赞美的问候。良言一句三冬暖。人的本性都渴望被赞美。在日常生活中，我们应该去主动发现他人身上值得被赞美的地方，并设法真诚地告诉他。

在问候中，应注意以下几点：

注意对象。问候要因人而异，不要对任何人都使用同一套说辞、同一种语气。

注意环境。在不同的场合，要根据当时的具体情况，做出恰当的问候。

把握好度。问候的话不要太多，几句就足够了，过多的赞美会给人一种虚假的感觉。

总之，问候是一门学问，只有发自内心的热情，才能感染和打动他人。

把“我的”变为“我们的”

说话有时就好比开车，你要时刻注意标志、遵守交通规则。也就是说，你要时刻注意倾听者的态度和反应。如果红灯亮起，你继续开车，那么就会有麻烦。那些只关注自我的人，在别人眼中，往往显得很无知。

很多人喜欢谈论同自己相关的事情，对别人的事情却没那么上心，所谓“事不关己高高挂起”。比如，许多新手妈妈会眉飞色舞地跟朋友分享她孩子的故事，在讲述的过程中，她既流露出辛劳又带着掩饰不住的快乐。但听者就一定能感同身受吗？且不说那些尚未为人父母的，即便已经有了孩子，这些不都是寻常小事吗？有什么好大惊小怪的？并不神奇啊，说个几句就够了，一直在讲，谁愿意听啊？相信很多人都有类似的想法。

《福布斯》杂志上曾登过一篇《良好人际关系的一剂药方》的文章，其中有几点值得借鉴——

语言中最重要的 5 个字是：“我以你为荣！”

语言中最重要的 4 个字是：“您怎么看？”

语言中最重要的 3 个字是：“麻烦您！”

语言中最重要的两个字是：“谢谢！”

语言中最重要的 1 个字是：“你！”

语言中最次要的1个字是："我。"

亨利·福特二世描述令人厌烦的行为时说："一个满嘴'我'的人，一个独占'我'字、随时随地说'我'的人，是一个不受欢迎的人。"

小美和小柔去一家餐厅吃饭，两人落座后同时看到了座位角落里的相机。小美赶紧拿起来，摆弄一番后对小柔说："我捡到的这部相机好像是新款，价格不便宜呢。"说这话时，小美已经想把相机据为己有。小柔觉得相机是两个人一起看到的，小美虽然先拿起它，但并不代表相机就应该归她所有，况且，捡到的东西不是应该想办法物归原主吗？于是小柔对小美说："不对，相机是我们一起发现的。你应该说'我们捡到的这部相机好像是新款'。我们应该等待失主来认领。"小美听了没有说什么。吃过饭后，小美拿着相机和小柔刚走出餐厅门，就听到正开门往餐厅里进的人说相机落在餐厅里。这时，小美慌了，她和小柔说："怎么办？我们把相机拿出来，算不算是偷的啊？"小柔回道："这怎么能是我们拿的呢？刚才明明是你自己说是你捡到的，现在怎么又成了'我们'？"小美听了，感到很生气，想了想，便自己进餐厅把相机还给了它的主人。而那之后，小美和小柔的关系便生疏了起来。

在人际交往中，过分强调"我"字会给人突出自己、炫耀自己的印象，这可能会在对方和你之间架起一道防线，形成障碍，影响别人对你的评价。

说话的时候，需要照顾对方的情绪或反应。把“我的”改成“我们的”可以拉近彼此的距离，对方会觉得你在讲述的是你们双方的事，也更容易接受你的观点与想法，更有利于加深谈话双方的感情。

不要一张口就暴露了自己

我们会碰到一些喜欢感情用事或者性情古怪的人，一言不合就有可能翻脸。然而交流时，我们并不能确保说的每一句话都无懈可击，但至少从说第一句话开始，我们就应该用真诚的语气让对方感觉到我们的善意。

如果开口第一句话就带有“攻击性”，则会引起对方的警惕，让对方觉得自己会丢面子，甚至可能会吃亏。一旦让对方产生这样的心理，他很可能会采取回避的策略。如若对方选择正面反击，就很可能促成双方矛盾的产生。

其实，有时不用一开始就把话直接说到点子上。你可以先寒暄几句，看对方的反应如何。如果对方表现得很友好，则可以进一步沟通；如果对方表现出很不耐烦，甚至想走，你即使有再重要的事也要忍一忍，因为这个时候多说无益。

有些人可能对中国式的问候嗤之以鼻，认为是浪费时间，不挑关键点说，却要在无关紧要的事情上花费精力，其实不然。事实上，这些人并没有掌握闲聊的技巧，也不明白闲聊的好处。

在一些情况下，你需要隐藏自己的真实意图，先聊些无关紧要、让彼此放松的话题，增进亲和力，在有所铺垫之后，慢慢把话题引到自己要表述的主题上去，找准时机，抛出你的“撒手锏”。

三国时期，刘备有位甘夫人，甘夫人很会说话，刘备和甘夫人的感情非常好，平时总在一起。

后来，有人送给刘备一个玉人，有三尺高，活灵活现，闪闪发光。刘备非常喜欢，于是把玉人放在甘夫人的房间里。在刘备看来，巴蜀这片领土已经是他的了，其他外交和内务都有诸葛亮在打理，不需要他费什么心。因此，刘备经常带甘夫人欣赏玉人，还总说：“玉之可贵，德比君子，况为人形，而不可玩乎?”看到刘备有些“玩物丧志”，甘夫人感到焦虑，她清楚刘备是经历了怎样的磨砺，才有了如今的成就与地位。而如今，他基业未稳，实在不该有丝毫松懈。甘夫人觉得刘备若是一直这样，恐怕难以实现他的宏图大业。她几次三番想要劝说刘备，但最终还是忍住了。因为她顾忌到自己的身份，不适合参与政事。

一天，甘夫人受到玉人的启发，想到了春秋时代“子罕不以玉为宝”的典故，于是借古讽今想要说服刘备。“古代宋人得到一块玉石，于是献给宋国的正卿子罕。谁料子罕不但不接受，连看都不看一眼。献玉的人说：‘此玉呈玉人状，是一块稀世之宝，所以才敢奉献给你。’子罕却说：‘我平生以不贪为宝贵，你是以玉为宝贵，若是将玉赠送给我，那么，你、我都丢失了宝贝。你丢掉的是宝玉，我丢掉的是廉洁。’子罕不以玉为宝，在春秋时代传为佳话。”

刘备饶有兴趣地听着，甘夫人趁机说：“如今曹操、东吴并没有被消灭，陛下却只顾着珍爱一块玉石。你可知道，凡是淫、惑必生变，千万不能一直这样下去啊！”刘备闻言，惭愧不已。

甘夫人并没有直言不讳地去进谏，而是通过故事巧妙地表达了自己的意见，为的是让刘备能更体面地接受。故事是别人的事，不会给刘备造成太大压力，等刘备解除心理防线后，甘夫人再适时表明意图，让刘备顿悟：原来甘夫人意在告诉自己不要不务正业。

假如从一开始，甘夫人就直截了当地挑明自己的观点，不仅会让刘备产生心理防备，甚至会让他感到伤自尊、没面子。如此一来，效果可能会适得其反。甘夫人的做法无疑是高明而理智的。

有时候，你需要卖个关子

有这么一个实验，在屏风上钻一个小洞，旁边贴上一张“请勿偷看”的纸条，用隐藏的摄像机拍摄路人的反应。结果，每个过路的人都会往里看一眼。

电视剧的每一集的结尾总是停在关键情节上，就是为了制造悬念，勾起观众的好奇心。想要了解接下来的剧情，观众就要锁定剧集播放时间，等待下一集。

西方有句谚语叫“好奇害死猫”，好奇心是个人成长驱动力之一，可激发的潜力往往不可想象。

心理学研究证明，有一种效应叫作“禁果效应”。你越是试图向别人隐瞒一些事情或信息，别人对此就越感兴趣。

探索我们周围世界的未知事物是人类普遍的行为。那些不为人知的“神秘”事物，比那些可以“触摸”的事物更能吸引人，并能促进人们对事物的接触和追求。我们制造“悬念”，就是抓住了对方的好奇心和求知欲。

当你想要说服别人的时候，最重要的是先激起别人的兴趣。当人们迫切想要倾听你的表述时，你就有机会说服他们。

刘琦是一名工程师，他总是会萌生一些新奇的想法，但每次汇报给领导时，都被领导否定。为此，刘琦感到非常懊恼，他向妻子抱怨自己怀才不遇。他跟妻子说，想换一款新的指数表，但是据他对领导的了解，领导估计不会同意。刘琦的妻子听后想了想，给他出了一个主意。她让刘琦在下次开会的时候，拿着自己想要推荐的指数表参加，但是不要特意去介绍这款产品。然后在大家讨论事情的时候，时不时地在领导面前摆弄一下指数表，如果领导问起，就说是给别的部门用的。刘琦的妻子坚信这样做会有效果。于是刘琦按照妻子的建议去做了。没想到在讨论会结束后，领导真的叫住了刘琦，并且询问他手里拿的是什么东西。刘琦依旧按照妻子告诉他的对领导说：“这是别的部门要换的一款新的指数表，咱们部门用不上。”领导听后，产生了强烈的好奇心，非要刘琦介绍得更具体一些。在刘琦详细地介绍了一遍指数表的相关信息后，领导问道：“我觉得这款产品很适合用在咱们部门，你怎么说我们用不到呢？”刘琦笑了笑说：“是啊，给你讲了一遍后，我也发现这东西确实适合咱们部门用。”就这样，刘琦成功地达到了自己的目的。

很多时候，你只需要使用一点小技巧，就可以解决那些原本认为棘手的事情。

比如，如果你直接跟某人说：“我有件事情要跟你说。”对方可能会随口回答：“嗯，你说。”但是，如果你换一种语气，说：“有件事，不知道当讲不当讲？”对方可能会因为好奇而更认真地听你说话，如果你显得不紧不慢，对方甚至可能会催促你：“别卖关子了，快说吧，到底什么事？”

再比如，你说：“我想告诉你一件事。”可能并不会引起别人的兴趣；但是如果你反其道而行之，说：“有件事，我并不想告诉你。”这可能瞬间就能勾起对方的好奇心。

一般来说，欲望被禁止的程度越大，好奇心就越容易被引起。有时，你越是遮遮掩掩，对方对你说的话就越感兴趣。因此，你若想引起别人的兴趣，可以试着故设悬念，引起别人的好奇心，让对方对你说的话产生积极的兴趣。这不失为一种达到目的的好方法。

夸人减龄，遇货添钱

在现实生活中，无论是与朋友交谈还是与客户交谈，不妨谈谈对方的优点和长处，这样容易赢得对方的认可。谁不喜欢被表扬呢？值得注意的是，表扬也是一把双刃剑，适当的表扬可以改善人际关系，但太过夸大，则会被认为你太虚伪或别有用心，影响你与他人的正常沟通。

其实，当我们赞美别人的时候，我们不需要太过关注他们的性格或品格，而应该注重他们过去的行为或身上的优点等，也就是说，赞美需要具体一些。如果你对一个人说："你真善良。"你的赞美可能是发自内心的，但在短期内，你做出判断的理由是什么？你的赞扬可能会引起对方的怀疑和警惕。但是当你称赞某人的行为或本身的优点就不一样了。因为对既成事实的赞美，与友谊的深度无关，对方更容易接受。

知道赞美的力量后，就不要毫无准备地去见一个新认识的人，在见面之前先准备赞美的话语。有了这种准备，对方往往会因为你的赞美而敞开心扉，成为你的朋友。

请记住，任何赞美一定要立足于现实。举个例子：你到对方家做客，你可以称赞一下对方的家装创意，以此可以引入到对方的喜好等话题；如果对方喜欢养花，你可以赞美他栽种的植物，聊一些花草方面的问题；如果对方养了宠物，你可以夸赞他的宠物乖巧可爱。

下面是两种最常用到的赞美方式：

（1）夸人减龄

每个人都渴望青春永驻，所以年龄越大的人对自己的年龄越敏感。

大多数人不希望变老，所以“夸人减龄”是一种讨人喜欢的说话技巧。这种技巧就是尽量把对方的年龄往小了说，让对方产生一种心理上的满足，觉得自己依然年轻。例如，如果一个人三十多岁，你说他看起来只有二十多岁；如果一个人六十多岁，你说他看起来像四五十岁，对方往往会感到很开心。但是切记说的年龄不要与对方真实年龄差距太大，那样会给人一种虚假的感觉，适得其反。

“夸人减龄”这种方法更适用于成年人(尤其是中老年人)，相反，对于幼儿、青少年，用“夸人加龄”的方法效果会更好，因为处于该年龄段的人都有一种渴望成长的心理。

（2）遇货添钱

遇货添钱，指的是把对方购买的商品的价格往贵了说。日常生活中，购物是很正常的一种消费。花最少的钱买到最称心如意的商品，这是大多数购物者的心理。打个比方，对方买了一件皮夹克，花了1200元，甚是满意，感觉自己淘到宝了。这时，对方让你估算一下皮夹克的价格，倘若你说，这件皮夹克最多只值800元，对方往往会感到失落，要么觉得自己不会买东西，要么怀疑自己的判断或者质疑你的眼光。而如果你说这件皮夹克看上去质地跟款式都不错，估计没有2000元肯定是买不到的，这时对方不仅会觉得你很有眼光和判断力，更能从你的话语中找到认同感，觉得自己买了一件“物超所值”的商品，心情大好，自然有更多话想跟你聊。

如何引起心理共鸣

人与人之间有很多相似之处，当我们对别人有所求的时候，我们可以利用这些相似之处，让对方和我们产生一种“心理共鸣”，对方才会更容易接受我们的请求。

使用“心理共鸣法”需要一定的语言技巧。在谈话开始时，最好绕开对方的禁忌，从对方感兴趣的话题说起，不要过早暴露自己的意图，要让对方慢慢了解你的想法，当对方跟着你的想法思考了一段时间后，他们就会在不知不觉中倾向你的观点。接下来讲的这个故事就很好地证明了“心理共鸣”的作用。

伽利略年轻时的愿望是在科学研究方面取得成就，但他需要父亲的帮助才能实现这一愿望。一天，他对父亲说：“父亲，我想问你一件事。你当初为什么会娶我妈妈？”

“因为我迷恋上她了。”父亲回答。

伽利略接着问：“那你曾经娶过别的女人吗？”

“没有。我的家人想让我娶一个有钱的女人，但我只爱你的妈妈，她是一个非常漂亮的女人。”

伽利略说：“父亲，你说得完全正确，我的妈妈真的很美丽。你知道，我现在和你的处境很相似。我不能选择科学以外的职业，因为我热爱科学。我爱科学就像爱一个美丽的女人一样。”

父亲说：“女人？这怎么能一样？”

伽利略说：“当然一样，我亲爱的父亲。我已经十八岁了。其他同龄人都考虑过他们的婚姻问题，但我从未考虑过。我对婚姻不感兴趣，比起花时间寻找一个美丽的女孩一起生活，我宁愿和科学为伴。”

听到儿子的话，父亲若有所思，但他没有说话，仍然仔细听着。

伽利略接着说：“父亲，为什么您不能帮助我实现我的愿望呢？我将成为一名出色的学者，并得到教授的职位。我可以以此谋生，比任何人都过得好。”

这时，父亲尴尬地说：“孩子，但是我没有钱供你去上学。”

“爸爸，听我说，许多贫困学生可以获得奖学金。如果我可以得到奖学金，学费就不成问题了，不是吗？您在佛罗伦萨有那么多朋友，他们和您的交情都不错，他们一定会愿意帮忙的……”

父亲听了，点了点头：“嗯，你说得有道理。这行得通。”

伽利略见父亲同意自己的观点，便激动地握着父亲的手说：“我求求您了父亲，请您想办法帮帮我。我会努力成为一名伟大的科学家……”

伽利略终于感动了他的父亲，得到了父亲的帮助。在父亲的帮助和自己的努力下，他实现了自己的梦想，成了举世闻名的科学家。

从伽利略与父亲的谈话中，我们可以看出，伽利略在向父亲求助时使用了“心理共鸣”这个方法，这使父亲有了认同感，同意了他的请求。

因此，如果你想给对方灌输你的思想，不妨用“心理共鸣”这个方法，在对方身上找到与自己观点的相似之处，从对方的角度思考问题，与对方沟通，再慢慢地引导到自己的观点上去。这样做，往往会收到意想不到的效果。

第五章

怎么聊才能不冷场

聊天是需要技巧的，不是想到什么或者想说什么就说什么。在语言这门艺术里，有的人能侃侃而谈，自如地切换话题，有的人却笨嘴拙舌，动不动让聊天气氛冻结。

话题卡住了不用怕，但严禁继续纠缠

即便你是一个非常健谈的人，也可能会在与人交谈的过程中出现一些沟通上的小问题。比如，在谈话中，话题不知道该如何接下去。原因可能是你信息量不够，对话题的相关内容了解得不够多，也可能因为对方对你的话题不感兴趣，想要终止谈话。在这种情况下，心理学家建议要立即改变话题，千万不

要继续喋喋不休，这会很容易让对方产生反感情绪。这个时候，应当果断开始新的话题，重新“挽回”对方的注意力，用最快的速度去“稀释”之前的冷场。

小慧是一家化妆品店的店员。一天，老板让她多多熟悉一下公司的各款产品，因为第二天要带她去拜访一个客户，到时需要给客户详细讲解。小慧不敢有丝毫懈怠，死记硬背了一整天。第二天见到客户，小慧很快就进入了状态，她开始滔滔不绝地讲解自己公司产品的基本信息、功效等。她像背课文一样讲了一大堆。一开始客户还很有礼貌地附和小慧，认真地听她的介绍，但是过了20多分钟，小慧仍然在讲产品的信息，没有任何互动，也没有提问，客户觉得内容有些枯燥无聊，便听得没有那么专心了，眼神也总是游离，整个人显得有点心不在焉，还有一丝不易察觉的厌倦。这时，小慧的老板发现了这一情况，他打断了小慧的介绍，说聊了这么久，大家都口渴了，先喝杯咖啡，聊聊天，一会儿再讨论商品也不迟。于是，小慧的老板借机开始询问起客户平时的商务应酬与日常活动，从场合聊到穿着，再联系到日常使用的护肤品，聊着聊着，客户再次兴致盎然。而且在与客户谈论护肤品的过程中，小慧的老板也时不时地引出自己家产品的信息，还会举例做一些对比，谈话也渐渐变得轻松愉快，客户没有再表现出不耐烦的举动。最终，小慧的老板与客户成功地签了一笔大单。

当你和别人交谈时，如果你懂得变通，脑袋里有“内容”

有“思想”，那么不管什么情况，你都能成为话题的主导者。因此，是否会说话，如何掌握说话的技巧，与一个人本身的知识储备有密切关系。一个人如果孤陋寡闻，他就只能在有限的范围内同别人进行交流，一旦对方对你的话题不感兴趣，你就没有话题可聊了。这样，尴尬的谈话氛围就形成了。相反，如果体育、政治、军事、旅游等方面的知识你都有所涉猎，当你和别人聊天时，你就不会被任何话题难住，即便有些话题进行不下去了，你也很容易转移到另一个对方感兴趣的话题上。

因此，当场面陷入尴尬并不可怕，能够及时变通更重要。能够观察对方的态度，掌握好尺度，懂得及时“刹车”，也是沟通的技巧之一。

顾左右而言他，岔换尴尬话题

在我们的日常生活和工作中，难免会遇到一些私密性的问题，如涉及商业机密、个人收入、私人感情生活等。有时候，如果直接拒绝回答别人的问题，不仅显得没有礼貌，也极有可能打消对方的热情，甚至伤害对方的自尊。但是如果违背自己的意愿去回答自己不想回答的问题，这也不是明智之举。面对这样的情况，我们应该怎么做呢?

心理学家认为，当被问到一些奇怪的问题或不想回答的问题时，我们可以转移话题。这样既遵从了自己的本心，也不会置对方于尴尬境地。

转移话题是说话的一种技巧。它指的是人们在交流的过程中故意偏离原来的话题，然后再利用其他话题来维持谈话。这种“顾左右而言他”的语言艺术可缓解气氛，甚至可以达到幽默、升华、增强亲和力等意想不到的效果。

更确切地说，转移话题也叫作“岔换”，是指“岔开”“转换”他人的话题，是一种间接拒绝的语言艺术。从不同的角度来看，“岔换”有不同的表现形式，一般分为相近岔换与相远岔换。

（1）相近岔换

相近岔换是指岔换的话题与对方提及的话题相似，只是在范围上有所变化，可能会缩小或扩大原问题。从内容上看，虽然变化前后的主题不同，但它们之间是存在着某种联系的。

一位记者曾经采访巩俐，希望其评价一下自己的容貌。这让巩俐有点进退两难。因为可能不管她怎样回答都会引起争议。于是巩俐想了想，灵机一动，指着自己的小虎牙笑着回答：“我觉得呢，我的牙齿很好看，因为它很整齐，而且与众不同。”

显然，巩俐的回答与记者的问题有些不一致。记者让她评价自己外表的美与丑，但是巩俐却把话题转到了自己牙齿的美与丑上。这是一个聪明的回答。“漂亮的牙齿”和“漂亮的外表”是有一定联系的，但其范围比记者给出的范围要小得多。

（2）相远岔换

相远岔换是指岔换的话题与对方提及的话题在内容上相差较远，甚至丝毫没有联系。

小薇因为工作上的事情，对小璐没有什么好感。一次在公司餐厅吃饭，小薇看到小璐的两个孩子来找小璐，于是想要借此嘲讽小璐一下。小薇坐到小璐旁边，当着两个孩子的面对小璐说：“小璐，你的两个孩子长得怎么一点也不像啊？他们哪一个是你‘先生’的？”小璐见小薇不怀好意，想了想，面带笑容地回答：“先生后生都是我的孩子。”小薇听了，略显尴尬，没有再说什么。

如果小璐按照小薇的问题范围来回答，可能会对她的声誉产生不好的影响，也会让她的孩子们感到难堪。相反，她机智地岔开原问题，不仅没让小薇看笑话，也让小薇闭上了嘴。

从语言表达的方式看，岔换还可以分为直言岔换和迂回岔换两种。

（1）直言岔换

直言岔换是指直接转移对方的话题，然后替换成新的话题。这种方法一般会让人感觉干脆利落，也能展示出一种较为强硬的表达语气。

（2）迂回岔换

迂回岔换是指先拐弯抹角地说上一些诱导性的语言，然后再渐渐转到下一个新的话题上。这种方法不会让谈话显得那么突兀，在许多时候更容易被他人接受。

“顺便”提起，让对方不知不觉跟你走

有时候，想请别人帮忙做一件事，若是直接说出来被当场拒绝了，可能就没有了挽回的余地。其实你可以试着在聊天的时候，顺便提起所求之事，试探一下对方的态度，不经意间顺着话题说出来，可能会让对方在不知不觉中答应你的请求。

陈洁是某杂志社的主编，她一直觉得自己身边缺少一名勤劳能干的助理。她很看好自己的朋友梦梦，梦梦有过在文化公司的工作经历，陈洁想让梦梦担任自己的助理。但是当时梦梦刚辞了先前的工作，想要回老家换个行业发展，而且又涉及友情与上下级关系的错杂，陈洁担心以梦梦的性格，自己很可能会被拒绝。于是她找了一个周末，约梦梦一起吃饭。饭后，陈洁提议两人去她的办公室坐一坐。那天，正好网络上有一个热点话题，不巧的是编辑都休假了。陈洁对梦梦说：“好朋友，帮我个忙吧，根据今天的热点写一篇推送文章可以吗？你也知道，现在不写，可能就会错过热度。”梦梦听了自然无法拒绝，于是打开电脑写了起来。文章被发表后，得到了很多网友

的点赞与好评，于是陈洁借缺人手的原因请梦梦去她的杂志社帮忙做几周工作，慢慢地，干脆让梦梦担任她的助理。梦梦就这样在不知不觉中放弃了回家转行的打算，留在陈洁身边做了她的助理。

通过上面的故事我们可以了解到请求别人做事的一种技巧——劝导不如诱导。在运用这一策略时要注意的是，想要让人帮自己做事情，首先要诱导他人参与到自己的事情当中，其次，引起他人的兴趣也是尤为重要的。

总之，为了激发别人参与的热情，你必须首先引导他们去尝试。如果可能的话，你也可以让他们先做一些简单的事情，这些事情最好是能让他们找到兴奋点与成就感。或者，当你想说服某人做某件重要的事情时，你最好给他一个强烈的动力，让他带着某种渴望与激励去做这件事。在这种情况下，一旦他的骄傲被激发了，他就会乐在其中。

“循序渐进”的说服方法

我们都知道，强人所难是办事的一大禁忌，但是如果这件事又必须得做，我们该怎么办？遇到这种情况，我们不妨换一种方法，先提出一个简单的要求，然后逐渐提出更高的要求，一点一点地缩小事情难易的差距，这样做更容易获得别人的支持。事实上，大多数人都希望给别人留下乐于助人的印象。因此，在接受别人的第一个小要求后，面对第二个要求，他们往往不会轻易拒绝。如果这种要求不会给自己带来太大的损失，人们通常会想到中国的那句俗话："帮人帮到底，送佛送到西"。

一对夫妻去逛家用电器商城。妻子想买一个新的电饭煲，丈夫答应了，并按照妻子的要求买了一个大品牌的电饭煲。正打算付款的时候，妻子看到一款网红炒锅，于是对丈夫说："有好吃的饭，就要有好吃的菜来配，不如我们把家里的炒菜锅也换了吧，听说这款很好用。"丈夫听了，觉得妻子的话很有道理，于是同意了。两人买完电饭煲和炒锅之后又去逛了家居市场。妻子看到一套餐桌，不仅美观实用，而且同餐厅区域的装修也很匹配，于是想要买下来。丈夫却说："算了吧，我们现在的餐桌又没坏，完全还能用啊！"这时妻子忙说："老公，咱们的厨房用具都换了新的、好的，可是之前那个餐桌太老旧了，你看这款，无论款式，还是色调，还有质地，都比我们现在的餐桌要好。试想一下，如果换了这套餐桌之后，我们用餐的心情都会变好呢！"丈夫看到妻子那憧憬的眼神，一咬牙，把餐桌也买了。

在这个故事里，妻子其实巧妙地运用了一个效应，叫作——"登门槛效应"。登门槛效应是指一个人一旦接受了他人的一个微不足道的要求，为了避免认知上的不协调，或想给他人以前后一致的印象，就有可能接受更大的要求。

在生活和工作中，这一效应被广泛运用。例如，如果一个男人直截了当地对一个女人求爱，可能因为太突然而让女人受到惊吓，但是如果双方先从朋友开始，男方找个机会约对方出去吃饭、看电影、逛公园，随着感情的加深，最后男方适时地表达出爱意，那么对方就相对容易接受。再比如，父母都希望孩子能有所成就，但人才培养只能一步一步慢慢来，特别是对于年龄较小的孩子，父母可以先提出简单的要求，引导孩子去做，然后及时给予肯定、表扬和奖励，再逐步提高对孩子的要求，这样孩子就不会觉得有太大的压力。

一对夫妻吵架后，妻子把丈夫赶了出去。这时天空下起了大雨，于是丈夫给妻子打电话要进屋，但是妻子还在气头上，根本不想放丈夫进来。这时丈夫在电话里说："你让我先进屋躲雨，雨停了我就走。"妻子看外面雨越下越大，也有点于心不忍，便让丈夫进了屋。进屋之后，丈夫站在门口，问妻子要一条毛巾，妻子见他衣服湿了，于是给他扔去一条毛巾。过了一会儿，雨还在下，丈夫对妻子说："老婆，这雨一时半会儿停不了，我进客厅去等吧！"妻子没说话，而是直接回卧室了。丈夫见妻子没有拒绝，于是到客厅坐了一会儿，然后又去洗了个澡。从卫生间出来以后，丈夫直接进了卧室，与妻子心平气和地沟通起吵架的问题。

丈夫没有直接要求进屋洗澡，而是先说等雨停，再慢慢地达到自己不被赶出去的目的。这其实也是运用了“登门槛效应”。然而，这一效应的应用，需要结合实际，不能凭借空想。你需要明确自己的目的，确定行动的路线和方向，让自己明确每个阶段该做什么，该怎样做，这样才能一点一点地实现自己的大目标。也就是说，在做一些事情的时候，采用由易到难、分步进行的策略，有利于实现最终目标。

“敬酒不吃吃罚酒”的激将方法

对有些人来说，只要动之以情，晓之以理，以诚相待，就可能会打动他。但是在同样的条件下，也有一些人不吃这一套，正如俗话所说——“敬酒不吃吃罚酒”，不管你怎样劝说，对方就是不依着你。这个时候，你需要换一种策略，可以用激将法来达到你的目的。激将法若是运用得恰到好处，往往会收到超出预期的效果。

激将法一般有两种方式：直接刺激和间接刺激。

（1）直接刺激

这种方式是通过故意贬低对方，即直接说出对方的不好之处，以激起对方的反抗与求胜心理，从而激发对方的潜能，让对方超水平发挥自己的能力。

（2）间接刺激

这种方式是以张扬、称赞他人他物，来间接地贬低对方，以激发对方的动力与决心。

人都有一种好胜心理，往往内心越是压抑，反抗的心思就越强。如果你觉得直接让某人做某事可能会被拒绝，或者对方对自己很没有信心，你可以试着通过相反的方向激怒他。比如对他说："你不做是因为你不敢吧？""我认为你做不到"……你这么说，对方心里会想："谁说我不敢？""你怎么知道我不行？""我一定要做好，证明你是错的。"这样一来，你的目的就达到了。

小柯平时没事就喜欢在家里用电脑看一些动画片。他爸爸希望他能多看一些增长知识的电视剧，比如《雍正王朝》《三国演义》《汉武大帝》等等。可是，对于爸爸的建议，小柯总是表现出不屑的态度，他认为这些电视剧都很无聊。一天，小柯的朋友阿翔来找小柯玩，小柯的爸爸把阿翔叫到身边，说有事和他说。小柯见了，觉得爸爸怎么神神秘秘的，于是就跟着阿翔，躲在墙后，想听爸爸说什么。爸爸看见小柯跟过来，装作没看见，拉着阿翔说："阿翔，你平时喜欢看电视剧吗？"阿翔点头说喜欢。于是小柯的爸爸说："那叔叔给你推荐一个好看的电视剧吧，叫《军师联盟》，这部片子能让你学会很多知识，你这么聪明，一定能够看懂的。"阿翔听了点头同意，然后问小柯的爸爸："叔叔，小柯看这部电视剧了吗？"小柯的爸爸回答："他可能会看不懂里面的一些剧情，我没有推荐给他。"小柯在一旁听了没有说话，转身走掉了，等到阿翔和父亲说完话，就又和阿翔玩儿去了。阿翔走后，小柯打开电脑想要看动画片，突然想起爸爸和阿翔说的话，心想：为什么阿翔能看懂的电视剧我就看不懂呢？于是，他开始看爸爸推荐的那部电视剧《军师联盟》，没看几集，便看上瘾了。

因此，当你想劝说别人却发现劝告并没有用的时候，你就可以试着研究对方的性格，利用对方叛逆或不甘的心理，激励对方。这样做，也许更容易达到你预期的结果。相信没有一个人会对“你不做，是因为你做不到”这句话无动于衷，因为每个人都不想被别人看轻。

掌握旁敲侧击的技巧

对于一些令自己感到进退两难的事情，做到不违背自己的意愿又不伤双方和气确实是不容易的。这个时候，旁敲侧击不失为沟通中的一种理想武器。也就是说，不直接告诉对方自己的观点，而是从侧面提醒对方，让对方了解自己的想法。这种技巧通常以反问的形式表达。

小然、小月与小兰都是同事关系，其中小兰与小月私底下关系更好，可以称得上是闺蜜。一次会议，小然与小月意见不合，两人彼此心生芥蒂。后来在一次聚会上，正巧小月不在，于是小然便对小兰说："小兰，我觉得小月这人太死板，一点也不懂得变通，你觉得呢？"小兰一听，觉得小然背地里和自己说闺蜜的坏话，心情有点不愉快，但因为是同事关系，她也不好反驳。于是小兰笑了笑，对小然说："回答这个问题之前，我先问你一个问题吧。我在背地里和你一起讨论我的闺蜜，她要是知道了会不会伤害我和她的友谊啊？"小然听了小兰说的话，脸"唰"一下红了，没有再说什么。

案例中的小兰就使用了旁敲侧击的说话技巧。面对小然的问题，她没有直接回答，而是把话题一转，反问了小然一个问题，且这个问题既表达了自己的立场，又悄无声息地批评了对方背后议论人的做法。小兰的做法非常聪明。

还有一种相关的说话技巧，就是"类比敬告"，是指将两件事情都具有的某一相似点做对比，暗示对方言行的不妥之处，表明自己的立场与不满。

两家公司竞标同一个项目，因为一些摩擦，两家公司的负责人吵了起来。A公司的负责人气冲冲地去找B公司的经理，要求他辞退B公司的项目负责人。理由是，B公司负责人的态度太过恶劣，根本不称职，影响了公平竞标。B公司的经理听了，笑了笑说："对于工作人员的态度问题，惩罚与撤职完全是我们公司内部的事情，没有必要听从贵公司的安排。这就像我们并不会要求贵公司辞退你们的任何一名员工一样。”听到B公司经理的话，A公司的负责人顿时哑口无言。

在这个案例中，B公司的经理很巧妙地使用了“类比敬告”的说话技巧。这样既没有与对方发生正面冲突，还义正词严地表明了自己的立场。

需要说明的是：这种技巧表达不满的语气虽然比较明显，但它毕竟没有像警告一样直接，所以称之为“类比敬告”，而不是“类比警告”。

第六章

谈吐幽默，跟谁都能聊得来

幽默并非只是靠嘴上功夫和肢体语言，而是要抓住事件的闪光点，找准对象、把握机会、制造气氛，再加一点能引人欢笑的情绪。幽默是一剂化解尬聊的良药。

幽默是一种智慧，更是一种能力

幽默是智慧的产物，可以反映一个人智力的高低，可以影响人的情绪，促进人的身心健康；幽默更是一种能力，能感受并表达幽默的能力。善于运用幽默，并将人生哲理融入妙趣横生的幽默之中，能够更有效地感染对方。

著名诗人海涅有过这么一次经历：一日，他正在创作，这时突然有人敲门，原来是仆人给他送来一个包裹。寄件人是海涅的朋友——梅厄先生。海涅本就因为写作而感到疲惫，又被人打断，于是非常不耐烦地打开了包裹，里面包着一层层的纸。他一层一层地把它撕开，最后看到一张小纸条。纸条上写着："亲爱的海涅，我健康而又快活！衷心地致以问候，你的梅厄。"海涅虽然心情不好，但这个笑话却让他笑了出来，他的疲倦感也没有那么重了。他调整了情绪后，决定和朋友也开个玩笑。过了几天，梅厄先生收到了海涅寄来的一个包裹。但是这个包裹太重了，他搬不回家。于是，他雇了一个搬运工把它搬回家。到家后，梅厄先生打开了这个奇怪的包裹。他惊奇地发现里面有一块大石头，石头上有一张纸条，上面写着："亲爱的梅厄！看了你的信，知道你又健康又快活，我心上的这块石头终于落地了。我把它寄给你，以永远纪念我对你的爱。"梅厄先生读完纸条上的字后，苦笑了一声。

莎士比亚说："幽默是智慧的闪现。"在人际交往中，若想玩转幽默，必须具备一定的智慧。具体来说，一个人想拥有幽默感，需要具备深厚的知识储备和丰富的社会阅历、敏锐的洞察力和想象力、良好的文化素养和语言表达能力。纵观古今中外著名的幽默大师，往往都是语言大师。幽默但不做作，任何的表达也都会显得很自然。

千万要掌握好幽默的分寸

英国思想家培根说过："善谈者必善幽默。"幽默的魅力就在于它不需要直接说明，可以通过含蓄的表达让别人理解表达的意思，并且话语比较柔和。幽默有时就像挠痒痒，轻了，达不到挠痒的效果；重了，又会让人感到疼痛。如果挠的地方或者时机不对，还可能引发矛盾和误会。

幽默地表达能促进人与人之间的友谊，增加人与人之间的亲密度，填补人与人之间的差距，缓解尴尬的气氛……是与他人建立良好关系必不可少的。在人际交往中，我们常常会用幽默来制造一个得体的笑话，使神经得到放松，使气氛得到活跃，创造一个适合交流的轻松氛围，所以幽默的人往往会受到人们欢迎和喜爱。但是，幽默也要有度，一旦玩笑开得不好，幽默就会带来负面的效果。因此，幽默感也即分寸感，如何把幽默发挥得恰到好处，你需要注意以下几个问题：

内容高雅

幽默的内容能体现一个人的思想品位和文化修养。如果幽默的内容粗俗不堪，不登大雅之堂，可能当时会让人发笑，但过后想起来会觉得特别无聊。而幽默的内容若是健康的、文雅的，往往能给别人带来精神上的享受，也能给自己塑造良好的形象。

注意场合

幽默具有强大而神奇的力量，但它并不是万能的，并非可以使用于生活中的任何一个场合。它既讲究时机，还对大环境有要求。如果场合不对，不仅达不到理想效果，甚至会引起对方的反感。美国总统里根在一次国会开会前，为了试试麦克风是否好使，张口便说："女士们、先生们请注意，五分钟之后，我们将对苏联进行轰炸。"这句话引起了现场一阵骚动。很明显，里根在错误的时间和错误的场合开了一个可笑的玩笑。为此，苏联政府提出了强烈的抗议。由此可见，在严肃的场合，要对幽默的语言进行衡量与筛选。

分清对象

我们身边的每个人都有不同的身份、性格和经历，所以对幽默的容忍度也不同。同样的笑话，可能不会让每一个人都感到好笑。这个时候，就需要你搞清楚对象。一般来说，年轻的一代人不应该和年长的一代人开玩笑；下属不应与上级开玩笑。同龄人之间开玩笑，要注意对方的情绪和性格。如果对方性格开朗，你可以试着多一点幽默；如果对方性格内向、心思细腻，喜欢"咬文嚼字"，那你就应该小心一些。也有一些特殊情况，比如对方平时性格开朗，但如果他碰巧遇到不愉快或悲伤的事情，你就不能随便开玩笑了。相反，如果对方性格内向，但碰巧遇到了喜事，这时你和他开玩笑，幽默的气氛就会凸显出来，会产生不错的效果。

态度友善

幽默的过程是相互交流和传递感情的过程。如果幽默的语言是用来讽刺别人，发泄自己内心的厌恶和不满的，那么这种语言就不能称为幽默，称其“揶揄”可能更合适。

自嘲才是高端的幽默

自嘲是聪明人掌握的一种语言艺术。自嘲不是自卑或懦弱，而是一种大度和洒脱。自嘲是生活里真正的英雄主义。当你能学会自嘲，你就开始接纳自己的不完美；当你能够原谅自己，也就可以宽恕他人。

自嘲是一种自我贬低的表现，是过于爱面子的人不敢使用的说话技巧，因为它要求你直指自己的缺点、错误，甚至身体的缺陷来进行讽刺。自嘲之人，往往充满自信，他们敢于正视自己的缺陷；自嘲之人，常常能自我保护，很多尴尬与危机都可以在自嘲之中得以化解；自嘲之人，多能于生活中获得快乐，活得轻松洒脱。

古时候，有一个石秀才，一次，他骑着驴子不小心摔倒在地上。一般人面对这种情况都会感到难堪或者不知所措，但他却冷静地站起来说：“还好我是石秀才，如果是瓦秀才，还不摔成碎片了吗?”一句俏皮的话把周围的人都逗笑了，也缓解了当时尴尬的气氛。同样的道理，如果一个胖子摔倒了，他可以说：“如果不是有这些肉在，我不就要摔断骨头了吗?”如果是一个瘦子摔倒了，他可以说：“还好我瘦，不然这一摔就可能摔成肉饼了。”

以上的案例告诉我们，自嘲是缓解尴尬的良药，当你嘲笑自己的弱点时，话语和内容就会变得很有趣。嘲笑别人是一种恶习，而嘲笑自己却是一种智慧。一个能自嘲的人往往是一个有智慧、生活积极向上、勇敢和诚实的人。自嘲是一种幽默的说话方式，是一种幽默的生活态度，是一种心理调节方式，也是一种生活智慧的表现；自嘲是一种释放抑郁、创造心理幸福的好方法；自嘲也是一种武器，保护自己不受别人的攻击。学会自嘲，你就会有一个稳定、健康的心理，从而保持一个健康的生活心态。

幽默可以让你换个角度看世界

幽默能使人放松，更重要的是，幽默可以改变你看世界的视角，让你从其他角度看问题。

有个臣子惹怒了皇上，于是皇帝把他推进水池，然后又命人把他救了上来，问他在水池里是否见到了屈原，并说如果他没见到，就再把他扔下水池。臣子哆嗦半天没有说出话来，于是皇帝抬手作势要再推他下水池，这时，那名臣子大喊："臣看见屈原了！"皇帝听了，笑了笑问："那你给朕说说，屈原和你说了什么？"臣子一脸严肃地说："屈大人和我说，他生前没能遇到好的主子，所以才投了水，然后他问臣有这么英明的主子，为什么也要投水？"

说完这句话，那名臣子又是求饶又是说皇上的好话，皇帝最终龙颜大悦，饶恕了这名臣子。

这名臣子在遇到皇上出的难题时，能够随机应变，以诙谐幽默的方式回答一个看似荒唐的问题。他扭转了自己看待问题的角度，并成功地拉拢皇上和自己站在了同一个角度，最终博得了皇上的笑颜，用幽默救了自己一命。

幽默是一种人格魅力。幽默的作用是使人快乐，让人感受到趣味，创造轻松愉快的气氛。幽默的人总是更具吸引力和凝聚力。在不可避免的冲突中，幽默感较弱的人可能会处于弱势。

甲和乙都有些秃顶。当有人同他们开玩笑说："你们的头发太省钱了，既不需要理发，还省了不少洗发水。"甲当场气爆，脸色骤变，拂袖而去。众人陷入尴尬。乙则笑着回应："这个说法并不新鲜，以前有人说我聪明透顶，我否定了他的说法，他太低估我了，我岂止是聪明透顶，我是聪明绝顶啊！"气氛再次回到欢快当中。

甲乙两人在面对外界同样的调侃时，做出的反应是不同的，得到的结果也是不同的。这里就体现了幽默的重要性。由此可见，幽默不仅反映了一个人随和的性格，也显示了一个人的情商。

应该注意的是，幽默既不是毫无意义的插科打诨，也不是无限度的炫耀行为。幽默应该是一种合理的、有趣的、有启发性的行为。

幽默让管理者更具人格魅力

幽默作为一门鼓舞人心的艺术，在日常交际中起着重要的作用。幽默感强的上级领导身边很容易聚集一群为他努力工作的下属。因为领导的幽默有时可以化解很多尴尬以及不必要的纷争，保护下属的自尊。

像林肯、罗斯福、威尔逊等美国历史上的重要人物，都富有幽默感。有一次，林肯在和一个朋友一边散步一边聊天，当他们来到走廊时，等候总统的一长排士兵齐声欢呼起来。林肯的朋友仍旧站在原地，他还没有反应过来自己应该退后。这时，一名助手走到他面前，提醒他应该退后八步。那个朋友才反应过来，脸一下子就红了。但林肯笑着说："没关系的，也许他们还没分清总统是谁呢。"简单的一句话，立刻打破了现场的尴尬气氛。

这样随和、幽默的总统怎么会不受到众人的支持和喜爱呢？

在这个竞争加剧、经济动荡的时代，每个人都背负着巨大压力。运用幽默进行管理，管理者往往能取得良好的效果。美国曾针对1160名经理做过调查，结果显示，77%的经理在员工会议上用笑话来打破气氛；52%的人认为幽默有助于他们做生意；50%的人认为公司应该考虑聘请一位"幽默顾问"来帮助员工放松心情；39%的人认为应不时对员工"开怀大笑"。一些著名的跨国公司，从首席执行官到部门经理，已经开始把幽默融入他们的日常管理活动，作为一种新的培训手段。

当经济衰退让公司不得不面对裁员的问题时，也可以用幽默化解裁员过程中可能出现的各种风险。美国欧文斯纤维公司曾经在新世纪伊始进行裁员，解雇了40%的员工，出于对可能出现的问题的担忧，公司高管聘请了幽默顾问，在两个月内为1600多名员工开设了幽默课程。结果，最后并没有出现大规模的骚乱、破坏、恐吓、自杀等公司担心的可怕后果。这说明幽默不仅让人际关系变得和谐，还有利于解决公司内部的矛盾。

人们都喜欢和幽默的人相处。幽默的上司比严肃的上司更容易与下属搞好关系。有经验的管理者都知道，要想让身边的下属努力工作，就必须通过幽默使自己的形象人性化，那么如何才能让自己成为一个幽默的管理者呢？

很明显，广泛阅读和扩大自己的知识面是必要的。知识积累得越多，在各种场合就会越自信。而且，幽默的人大多心胸宽广，对生活充满热情。心胸狭窄、思想消极的人永远不会有幽默感。作为一名企业高管，你应该有意识地训练自己的灵活性，多参加社会活动，接触不同性格、不同身份、不同角色的人，增强社交能力，把所见所闻化作幽默，恰当地运用在激发员工的积极性上。

制造幽默的六大法宝

许多人都试图让自己成为一个幽默有趣的人。但是，幽默要注意场合、对象，把握一定的尺度。那么，具体该如何制造幽默呢？

夸大其词

把事实夸大有时可能会导致喜剧效果，这是产生幽默的有效途径之一。

马克·吐温有一次乘火车去一所大学演讲。由于马上要到演讲的时间了，但是火车开得很慢，所以他很着急。于是，他想出了一个办法来发泄他的怒气。当列车员来检票时，马克·吐温递给他一张儿童票。售票员也很有幽默感，他认真地看着马克·吐温说："真看不出来，原来你是个孩子。"马克·吐温回答说："我现在不是小孩了，但是我买火车票的时候还是个小孩。"他的言外之意是，火车开得太慢了。火车开得很慢是事实，但它绝对不会慢到让一个人从一个孩子变成大人。这里是将慢无限夸大了，产生了一种特殊的幽默效果，令人觉得有趣。

因此，有时为了达到目的，可以故意夸大事实，以说明问题。

一语双关

双关语是最有力的幽默形式之一。它不仅"幽默"，而且暗含"智慧"。一语双关是指所说的话包含两层意思：一是句子本身的意思；一是句子的引申意思。幽默就是由此而来的。

用谐音作双关语的效果会显得很有幽默感。传说李鸿章有一个远房亲戚，没什么文化，却热衷科举。他在考场里呆坐半天却下不了笔。眼看要交卷子了，他便"灵机一闪"，想在卷子上写下"我是中堂大人李鸿章的亲戚"，无奈搜肠刮肚，"戚"字不会写，只能写作"妻"，希望能仰仗李鸿章的权势，让考官录取自己。考官看到试卷，哭笑不得，提笔批道："既是中堂亲妻，我定不敢娶（取）!""娶"和"取"谐音，考官还给他一个双关字，既含有讽刺意味，又十分有趣。

故意曲解

所谓曲解就是“扭曲”事实，故意曲解，是用“荒谬”的解释，以一种放松、调侃的态度，产生一种不和谐、不合理、意想不到的效果，从而制造出一种幽默感。

一位妻子怒视着丈夫说：“我一看到你就生气。”丈夫慢吞吞地说：“哎，我练气功已经一年了，还是没有生气，原来是你把我的气拿走了。”丈夫巧妙地把生气的“气”变成了气功的“气”，妻子听了觉得很好笑。她的“气”也就消失在笑声中了。

正话反说

有一个宣传戒烟的公益广告，完全没有提到吸烟的危害。相反，它列出了吸烟的四个“好处”：

（1）能防小偷：吸烟的人经常整夜咳嗽不停，小偷以为主人没睡，不敢偷。

（2）省布料：吸烟的人容易患肺痨，导致驼背，身体萎缩，自然就省衣服的布料。

（3）防蚊：浓烈的烟味熏得蚊子受不了，只得远远地避开。

（4）永葆青春：不等年老便会因病去世。

在这里，列举吸烟的四个“好处”，其实都是指吸烟的危害。但这样一表达，就会显得很幽默，让人们从笑声中了解真相，知道广告真正要说明的是吸烟有害健康。

这就是所谓的正话反说，说的内容与字面意思完全相反。这也是培养幽默感最有效的方法之一。

出其不意

说别人想不到的话，表达别人想不到的意思，就达到了幽默的目的。幽默往往使你的语言具有特殊的说服力，达到更好的交际效果。

事实上，所有的幽默都是靠惊喜取胜的，否则就会显得平淡无奇，达不到效果。虽然它大多用来揭露缺点，讽刺庸俗和愚蠢，但它绝不是尖锐的。相反，它总是委婉地指出人们的缺点，让人们在笑声中看到自己或别人的不足，使人顿悟。在餐馆里，一位顾客正在从他的饭菜中挑选出沙粒并把它们放在桌子上。服务员见了尴尬地说："都是沙粒吗？"顾客微笑着摇摇头说："没有，有大米。"客户没有直接批评餐品的质量，他把服务员说的"都是沙粒"换成"有大米"，很委婉地表达了他的不满。

巧妙解释

一名男子酷爱读书，结婚之后也总是花很多时间在读书上面。他的妻子为此有些生气，于是对丈夫说："我希望我有一天能变成一本书。"丈夫问道："为什么？"妻子说："那样你就能整天把我捧在手里了。"丈夫马上明白了妻子的意思，开玩笑地说："这不行。你要知道，我每次看完一本书，就得换一本新的。"丈夫聪明的解释不仅表达了他对书的兴趣，也体现了他对妻子的忠诚。这种巧妙的解释也是幽默的体现。

第七章

你的身体会"说话"

理解无声的肢体语言，关键是要全面细致地思考。只有深入了解一个人的能力和他的身体局限性对肢体语言的影响，才能正确理解无声语言背后的含义。

肢体语言透露一个人的真实心思

一个人的表情是情绪的记录表。如果你克制自己的情绪，伪装自己的表情，情绪就会表现在你的动作上。

肢体语言专家马莱比昂认为，一个强有力的握手，会将自己的热情、温暖及善意传递给对方。它在向对方表达着"我很看好你"或者"让我们一起努力吧"的鼓励。

那么，具体来说，不同的肢体动作分别能传达哪些信息呢？

从肢体语言判断对方是否友好

有的人在说“你好吗”“好久不见”“你最近怎么样”这样的问候语时，会把手搭在对方的肩膀上，或者握住对方的手，有这个习惯的人大多是政治家或中小企业的领导者。虽然此举是展示亲和力的表现，但很难避免因为过度亲密让对方感觉不自在，因为很多人并没有通过身体接触表达友好的习惯。如果你有这样的习惯，又掌握不好尺度的话，很有可能不受欢迎。

在第一次见面时，用身体触碰对方的人通常是一个过于自信的人。这些人大多不在乎别人的感受，他们在直觉上认为，这种行为可以拉近彼此的距离。如果你愿意接受这些人的行为，你可能会得到他很好的“照顾”。相反，如果你不喜欢这些动作，他会认为你“背叛”了他，他会感到生气，甚至把你踢出他的朋友圈。如果这样的人突然不像以前那样对你了，你应该小心，因为他的肢体语言在告诉你，他不想再和你有过多接触了。

从手势变化看心情

如果对方表现出手腕放松，没有握拳；或手掌张开、放在桌上；或拿开桌上的障碍物；或托着下巴做思考状等动作，意味着对方是同意的态度。只要你看到对方做这些动作，就可以放松一些，与他进行下一步的交流了。

但是，如果对方做出以下动作：用手掌轻拍桌面；用双手托着下巴；两手在胸腹前握拳；双肘打开，两手放腿上；两手交叉放在脑后，使身体向后摇动；手指面对你，做数数字状；用手指压住额头中间；与对方谈话时，不断移动桌面的东西；把抽屉打开又关上，好似寻找东西；等等，你就要注意了，这些动作往往代表着否定的态度。出现了这些信号，就不适合继续说服对方，而应该转移或结束话题。

从走路姿态看性格

如果一个人走路时步履平稳，则表示这个人精明、稳健，做事情一般会三思而后行，不会好高骛远。这种人也很重信义守承诺，是值得信赖的人。

如果一个人走路昂首阔步，则表示这个人喜欢以自我为中心，对于人际关系往往会表现得很淡漠，但这种人思维敏捷，做事有条不紊，富有组织能力。

如果一个人不论有没有急事要处理，任何时候都显得步履匆匆，则说明这种人做事情很有效率，遇到事情不会推卸责任。这种人也总是精力充沛，喜欢迎接各种挑战。

如果一个人走路时上身向前微倾，则代表这个人平和内向、不善言辞，谦虚、含蓄，与人相处时外冷内热，表面上沉默冷淡，实际却重情重义，一旦你与这样的人成为知己，他将与你肝胆相照。

如果一个人步履整齐，双手规则摆动，则说明这个人严于律己。他的意志力会很强，也具有很好的组织能力，但这种人容易偏向武断独裁，对生命及信念比较专注，不易被别人感动，也会不惜一切代价去达成自己的目标与理想。

如果一个人走路漫不经心，毫无固定规律可循，偶尔双手插进裤袋里，双肩紧缩；偶尔双手伸开，挺胸阔步，那么表示这种人大方、不拘小节、慷慨、有义气、有创业的雄心，但这种人有时容易变得浮夸，遇到争执时可能不会轻易退让。

如果一个人走路时如迎风杨柳，左右摇摆，那说明这个人很可能喜欢装腔作势，做事不负责任，气量狭小，个性奸诈，善于谄媚。

如果一个人走路时总是观望不前、行走迟缓、犹犹豫豫、闪闪躲躲，就像做了亏心事一样，那说明这个人胸无大志，爱贪小便宜，也不擅于与朋友交往。这种人也会很喜欢独处，工作效率偏低。

如果一个人走路时总爱携带物品，如腰包、书籍等，则体现这个人缺乏安全、心情忧郁、性格内向，也可能是悲观主义者，或有严重的自卑感。

从眼神看穿心理

在会议和其他场合上，如果你试着观察别人，你会发现有些人的眼神是游离不定的，有些人的眼神则是坚毅的。对方眼睛的移动会告诉你，他的大脑此刻正在想什么。比如，眼睛直勾勾盯着对方看，说明此人心中可能有隐情；在交谈的空当注视对方，则表示他在强调自己的说话内容，希望听者更能理解其中的意思；初次见面，与对方的眼神一接触就立刻移开的人，一般都有自卑感或心理缺陷；看异性一眼后，便故意转移目光的人，可能对对方有强烈的兴趣；视线不集中在对方身上，迅速移转的人，大多性格内向；视线飘忽不定，表示他正陷入纠结当中；说话时，眼睛突然往下看，表示此人正陷入沉思。

从嘴部动作了解对方

喜欢微笑的人会让人想要主动接近，因为微笑能增加双方的亲密感，并促进友谊。如果在较为正式的谈话场合，能够始终面带微笑，则更有利于谈判的顺利进行和问题的解决。

笑是一种很开放性的表达感情的方式，但是嘴部的其他动作，又能传达出什么意思呢？

经常嘴唇紧闭，下唇干燥的人，可能属于抑郁质，他们大多会有一种怨天尤人的心理，是一个不折不扣的悲观主义者，就算偶尔有个好心情，也会很快联想到悲观的一面，让自己痛苦，也让身边人沾染负能量。

喜欢舔嘴唇的人往往拥有超强的判断力，思维活跃。他们对自己所说的话，总是有一个合理的解释。他们总是能自圆其说，无论遭到多少人否定，依然会试图让他人接受自己的观点。这类人往往容不得自己的个人利益遭受侵犯，一旦涉及根本问题，往往会采取报复行为。

如果女性习惯做咬紧嘴唇动作，则说明这个人内心比较脆弱，缺乏安全感。除了在嘴唇上的表现，其他比如双腿并紧等动作也都反映了这种心理状态。如果一个人有这种习惯，可能是假装紧张，也可能是为了隐藏什么，或有其他目的。

双臂交叉于胸前者的防卫心强

双臂交叉于胸前是一种防御姿势，它保护你免受来自你面前的人的威胁，并防止你产生恐惧。这是一种心理上的防御，也代表了你对面前人的排斥。

也有一些人在思考事情的时候有交叉双臂的习惯，但总的来说，有这种习惯的人基本上都是警惕型的，喜欢在自己和他人之间划出一道防线。

看看你的搭档是习惯将双臂交叉于胸前，还是自然地放在两侧？相比之下，自然放在两侧的人，更友好，更容易亲近，而且你可以很快和他成为好朋友。但是，如果你有一个秘密，你不想被其他人知道，请选择一个习惯双臂抱胸的人，因为太坦率的人往往不容易守住秘密。习惯双臂交叉于胸前的人会保守你的秘密，但是，与这样的人变得亲密可能需要很长时间。

揉鼻子是欲盖弥彰的动作

一个说谎的人最大的恐惧就是谎言被揭穿。只要你心里有秘密，就会害怕被别人看穿。你越害怕，脸上的表情就越不自然。为了掩饰这种不自然的表情，你可能经常用揉鼻子或揉眼睛来转移别人的注意力。经常摸脸部的人也给人不稳重的感觉，这是一种内心不安的外在表现行为，做动作的人不想让别人从他脸上读到他试图隐藏的东西。有时候，我们无法自由地控制身体的各个部位的小动作，所以很容易就能被别人看穿心里想的是什么。

然而，这种行为并不一定意味着心里有鬼、故意撒谎。例如，当朋友过生日时，你悄悄地给他准备生日礼物，想给对方一个惊喜。这时，你也可能做出摸脸揉鼻子的动作；或者，如果你对异性有好感，但又羞于表白，也可能会做出掩饰的小动作；再或者，有的人并不是故意想隐瞒实情，而是时机还不成熟，不小心说漏了嘴，在这个时候，他也会伸手去摸自己的脸，以掩饰自己内心的惊慌。

像测谎仪一样识别谎言

每个人都会说谎，这是不争的事实。也可以这么说，说谎是人性的一种表现。

刚学会说话的孩子可能会为了得到母亲的亲吻或一块糖果而撒谎；小学生可能想和小伙伴出去玩，于是骗父母自己写完作业了；成年人也可能会因为自己的利益而欺骗别人。

生活中有很多说谎的例子。不可否认，说谎确实是我们日常生活中极为常见的一部分。在我们的社会生活环境中，诚实是社会倡导的主流价值观。说谎通常被认为是道德败坏和素质低下的表现。但有一位著名的心理学家说过：“说谎是人的一个十分重要的特点，是人类生活中不可缺少的一部分。也可以说，说谎是人类区别于其他动物的一大‘本能’。”

有研究结果表明，大多数人平均每天会撒两次谎，人与人的交谈中有三分之一的部分存在某种形式的谎话。但是，其中只有五分之一被人们察觉，有 80% 以上的人曾经为了获取工作或保住职位而说谎，对伴侣说谎的频率更是居高不下。那么，从哪些方面能看出对方在说谎呢？

当他在叙述时不提及自身及姓名时

人们在撒谎时肯定会感到心虚，会本能地让自己从谎言中解脱出来。举个例子：如果你问朋友昨晚为什么没来参加聚会，朋友抱怨他的车坏了，不得不去修理。说谎的人会说“车坏了”，而不是“我的车坏了”。因此，如果你问某人一个问题，他一再省略“我”，那你就可以怀疑他了。相反，说谎者很少使用与谎言有关的人的名字，这一点也可以帮助你分析别人是否撒谎。

当他的眼睛不敢正视时

很多人或许还记得母亲小时候对自己的批评：“你一定又在撒谎了，你都不敢看着我的眼睛。”这句话就告诉你，撒谎的人不敢正视别人的眼睛。

因此，一个厉害的说谎者可能会加倍集中注意力，盯着你的眼睛。事实上，当说谎者看着你的时候，他们刻意专注以致眼睛开始变干，这使得他们更容易眨眼，这是一个重要的信息泄露的表现。

另一个准确的测试是直接观察某人的眼球运动，这表明他们的大脑在工作。大多数人，当他们的大脑在“构建”一个声音或图像时（换句话说，如果他们在撒谎），他们的眼睛会移到右上角。如果人们想要记住到底发生了什么，他们会抬头向左看。这种“眼球运动”是一种反射，除非经过训练，否则无法伪装。

当他把事情描述得滴水不漏时

你不妨找个朋友实验一下：问他们前两天从离开办公室到上床睡觉都做了些什么，他们一定很难叙述得很精准，因为人很难记住一段时期的所有细节，也很少记得发生过的每件事。他们通常会不断地纠正自己。他们会回忆说：“我回家了，然后坐在电视机前看电视——哦，不，我打开电视之前给妈妈打过电话。”而撒谎的人在做陈述的时候是不会犯这个错误的，因为他们已经想好了自己要说的话，他们很少会说“等等，我记错了”。有时恰恰是因为他们叙述得太过“精准”，才暴露了他们。

有这三种说话习惯的人，你要注意

同样的一句话，可能因为表达的语气不同，意思就会完全不一样。因此，观察一个人谈话的速度和语气，是了解一个人心理状态的钥匙。

喜欢以模棱两可或不确定的话语结尾的人通常害怕承担责任。经常使用条件句的人，如“这只是我个人的观点”“不能一概而论”“在某种意义上”“在某种情况下”等等，大多害怕冒犯或得罪别人。

一面讲话，一面自我附和的人，大都不容许对方反驳，性情极为顽固。这种人不喜欢与听者进行交流，往往一人唱独角戏，喜欢独自做决定。

听别人说话的时候，不能集中注意力，环顾四周或玩弄自己手指的人，其实是厌倦了对方说的话。而不断重复对方的话语，则表现出那个人有高度的耐心和好奇心。

经常把“不过”挂在嘴边的人

喜欢说“不过”和喜欢说“但是”的人，一般都有强烈的自我意识。然而，把两者进行比较，喜欢说“但是”的人会比较主动，比较具有攻击性；而喜欢说“不过”的人，则一般比较被动，不太具有攻击性。

喜欢说“不过”的人一般表现得比较自我，他们希望得到别人的肯定，又不想强迫对方做决定。例如：“虽然您这么说，不过，你也觉得这是不对的，是吗？”“不过，那种办法可能不可行哦！”这种人一般刻意逃避必须担负的责任，习惯把责任推给别人，强调自己是“无可奈何”的。这种人的城府很深，富有心机，做事情往往会给自己留后手，事先想好事情如果失败了自己该如何全身而退。在与他人相处时也是一样的，这种人第一次见到陌生人时，通常不会主动示好，他会保持距离，以便观察对方是否与自己合得来。经过仔细的分析和判断后，他才会慢慢接近对方。

从表面上看，这种人通常给人一种友好的感觉，容易与人相处。但是，一旦对方明确表示与他不站在同一条战线上，他就会毫不犹豫地切断友谊，显示其冷漠的一面。这种人一般不会向别人“倾诉”，也不可能发自内心地说出自己的想法，因为他们时时刻刻都在提防着。如果你想和他们和谐相处，必须付出很多努力。当一些事情发生的时候，你也不要期望他们承担责任，因为他们会对你提出一些没有根据的指控，所以最好小心这类人。

经常把“但是”挂在嘴边的人

当对方说一些我们不同意的观点时，我们会使用“但是”一词来转折。

然而，有一种人却喜欢在任何可能的情况下都使用“但是”。如果他们想打断别人说的话，他们就会说“但是”。通常在“但是”后面说的话，都带有否定的意味。仔细想一下，他说出来的观点也许并没有多大的说服力，在这种情况下，似乎没有必要使用“但是”。他们之所以这样做，是因为他们不想一直扮演“倾听者”的角色，而是希望别人能将注意力放到自己身上。

其实提升自身价值的方法有很多，没有必要选择否定对方这种方式。毕竟每个人都有自己的成长环境和思维方式。然而，有些人无法在不否定别人的情况下确定自己。这种总是喜欢说

“但是”的人，心里往往有否定对方的好斗心理。他们甚至会以打压别人而感到骄傲。例如同事被上司批评、责骂，朋友失恋等事情会让他们产生优越感。他们虽然没有在别人伤口上撒盐，只是静静地听着，赞许地点头，表现得非常友好，但是他们也没有真心地为对方的遭遇感到难过。这不是发自内心的真正的善良，不要误以为他们是“和蔼可亲”的人，否则在识破了他们的真实面目时，你会受到伤害。

经常把“所以说”挂在嘴边的人

“所以说”这三个字往往是在强调并且延续之前所提过的事情，或者作为结论时使用的。比如，“这件事的情况是这样的……所以说，会变成现在这样也是正常的，不是吗？”“……所以说，我不是早就提醒过你了吗？”“所以说，结果本来就应该如此。”

常把“所以说”挂在嘴边的人，习惯强调自己曾经说过的话，会把之前自己说过的话、得出的结论当成一种“证据”。他们会认为自己早就看透了事实，很有先见之明。

当有人在说一件事的结果时，有些人总是说“我以前没有告诉过你吗？”“我就知道会这样！”他们永远不会说“是啊！你是对的”。他们认为自己说的就是权威的，所以他们蔑视别人的结论，喜欢把功劳归在自己身上。这样的人很容易让人讨厌，可他们自己却完全意识不到这一点。事实上，他们并不是傲慢，而是担心得不到公众的认可和理解。一旦别人吃了亏，他们就会在言语中带有一种讽刺，意在表明，谁让你当初不相信我说的。

如果你对他们有更多的了解，你就会知道与这种人相处并不难。因为他们渴望得到别人的认可，渴望自己在别人心目中留有睿智、值得信赖的形象。因此，如果你想和这种人相处得好，那么就多倾听他的想法和建议。

提高语境理解力，说话才能让人舒服

有一位微反应微表情专家曾经指出，对所有动作和表情的理解都应该参考它们出现的环境。例如，如果你看到一个人在寒冷的冬天坐在公共汽车的终点站，双臂紧紧地搂着胸口，双腿紧紧地贴在一起，你应该知道，他这么做可能是因为他很冷，而不是因为他在警惕着什么；但如果你坐在某人对面，试图向他们表明自己的目的，或者你试图向他们推销产品，他们会摆出和刚才那个人一样的姿势。而这时，你要明白对方其实是在告诉你，他对你的话有一定抵触，甚至反感，他给自己构建了一道“防线”。

所有肢体动作和表情都应该结合当时的情景来理解，同时，请不要忘记，你也应当综合前后动作和表情的变化，连贯地思考问题。

有时光靠嘴巴说，很难让对方印象深刻，但在语言的基础上加上身体语言则大大不同了，其可以让你的言语发挥更好的效果。

事实上，从你出现在别人眼中到你说话的时候，你一直都在“表达”，但不是用嘴，而是用你的眼睛、你的动作、你的整个身体，通过这些，对方可以获得很多关于你的信息。这些行为首先会让对方为接触你做好准备，也让他在心里思考与决定是否要听你说下去。

因此，在你开口说话之前，你需要用你的整个身体向对方传达你的尊重和善意，这能为你接下来说的话做一个好的铺垫。

虽然许多自然流露的神情和动作不受我们主观意识的控制，但这并不意味着你表现出来的姿势和动作就是死板的。你可以自由发挥，通过自己的想法让它变得更温柔、更开放、更自然。

在与他人交流时使用肢体语言，目的是为口语做辅助，更好地表达自己的思想感情，所以一定要及时、恰当、正确地使用肢体语言，不要夸大和敷衍。你的肢体动作一定要自然，要适宜、适当、适度，不要过于特立独行，在交谈的过程中不要总是呆板地保持同一种姿态，可以结合现场环境采取相应的变化。

在交谈的时候，你还应该注意一些身体语言的禁忌。一些不优雅的动作，比如不好看的坐姿很可能会颠覆你在别人心中的形象，毁掉你的付出。例如，最好不要跷二郎腿或者抖腿；你可以看着对方，保持基本的眼神交流，但不要像审问罪犯那样盯着对方看；与对方说话时，不要弯腰，表现出懒洋洋的样子，要微微点头微笑，身体微微前倾，以表示自己对他所说的话感兴趣；坐着的时候，不要显得烦躁，总是乱动，否则会让对方觉得你没礼貌、不太稳重。

通过细节洞察对方的人品

我们应该都遇到过这样的人：话说得格外悦耳，有些事做得也不错，但我们总能在某一个时刻，发现他的自私和冷酷，忍不住心生怨怼。而他或许并不自知——他不知道，人是会被细节出卖的。

正如老子所说：“天下大事，必作于细。”细节的魅力就在于此。

当一个人在你面前告诉你他是如何利用别人的、是如何欺骗别人的，你就要注意了，因为他很可能也会对你做同样的事情。

还有另一种人稍微委婉一些，他们好像很擅长处理人际关系，往往是人前一套，背后一套。这种人会在你面前夸你有多好，顺便贬低别人。你要多注意这样的人，因为他在别人面前也可能夸奖别人，说你的坏话。

此外，我们可以通过观察一个人如何对待他的妻子、孩子和父母，来分析他是有责任心的还是自私的，很多时候，家庭价值观也体现了一个人的人生价值观。不把家人放在心上的人，通常也不会把朋友放在心上。

以下三种方式可以给你提供一些判断的思路。

听其言，更要观其行

生活中有很多表里不一的人，如果只听对方夸夸其谈，很可能会被误导。这时，你可以观察他的行动，因为行动可能暴露一个人的本质，也只有对一个人的实际行动进行考量后，我们才能够对那个人做出一些中肯的评价。具体的考量，可以从以下三个方面入手。

（1）在关键或者危急时刻看他的所作所为，以便我们了解他的性格、人品。

（2）通过他的工作判断他的工作能力、业务水平和责任心。

（3）通过别人了解他，可以判断出他在别人心中的形象、地位。

长期观察，随时调整

人类是非常复杂的动物，很多人都具备多重人格，所以想在短期内完全了解一个人是不可能的。了解一个人，需要长时间观察，而不是因为对方的一个判断、一个决定就给对方设置标签。太草率地认定对方的性格，可能会在日后做出让你意想不到的事情，从而影响你们之间的关系。此外，为了生存和利益，大多数人都会戴上面具，你看到的是戴着面具的“他”，而不是真正的“他”。这是一种有意识的自我保护的行为。如果你根据表象去判断一个人的好坏，然后决定与他互动多少，你可能会被欺骗或利用。

第一次见面后，无论你和对方是否合得来，都要保持一定的空间，不要把主观的好恶情绪混在一起，应该冷静地观察对方的行为。

一般来说，一个人无论如何隐藏自己的本性，终究还是会露出真面目，因为戴面具是一种有意识的行为，久而久之会感到疲惫。因此，他总会有不自觉地摘下面具的时候。“路遥知马力，日久见人心”，就是这个道理。

确立自己个人的分类标准

不要听信别人的一面之词，要自己去了解一个人，再去做评价。当然，当你所要接近的人，被所有人都不看好时，你必须多加小心，以免受到伤害。

一般来说，你可以根据周围人的性格特点来把他们进行分类，然后在心里规划交往之道。比如，脚踏实地的人可以多接触，懒惰不上进或者喜欢搬弄是非的人要避而远之。

第八章

“尬聊文化”背后的自我修养

尬聊、尬唱、尬舞……各种场面，只要有尴尬的气氛，都可以配合着“尬”字创造出新的“尬词”。心理学有此定义：尴尬情绪是个体因处于公众注意焦点、失言或棘手情境时而产生的一种别扭、紧张、懊恼、难为情、不知所措的情绪体验。

读书破万卷，才能“开口如有神”

工欲善其事，必先利其器。一个脑袋里没有点“东西”的人，是很难在谈话中做到应对自如、侃侃而谈的。如果你想和别人愉快、顺畅地谈话，你必须得有一定的知识储备，而且你的知识面也要尽可能地宽泛一些，各个领域的事情都应该有一定的了解，这能让你避免陷入尬聊的境地。

俗话说："读书破万卷，下笔如有神。"说话也是如此，只有自己看的东西、知道的东西多了，才能够妙语连珠，说出有水平、有见解、有说服力的话。

苏秦是战国时期著名的谋略家。他虽然是凭借优秀的口才得到这一称号，但他并不是天生就能说会道。苏秦曾是鬼谷子的徒弟，学成之后，他先后游说过周王、秦王，却都以失败告终。于是，苏秦垂头丧气地回到家中，也因此受到了亲人、朋友的冷落。这让苏秦受到了很大的刺激，然而，他并没有就此堕落，而是下定决心，一定要为自己争口气。从那以后，他努力学习，钻研兵法，每天都学到深夜，即便又累又困，也不敢有半刻偷闲，甚至为了提神，还曾用锥子扎伤自己的大腿。经过一年多的努力，苏秦掌握了比之前更多的知识。

后来，他走遍了六国，游说和宣传"合纵"的理念。第二年，他的努力得到了回报，六国诸侯订立了合纵联盟。苏秦一人挂六国相印，成了威风八面的显赫人物。他凭借知识和口才，成了一位人人佩服与敬畏的大英雄。

所以说，好的口才需要丰富的知识作为后盾，想和别人谈得来，就需要积累更多的见闻和知识。自古以来，书本都是增长知识的重要工具，即使是最伟大的演说家，也要借助阅读来丰富谈话内容。

林肯不仅是美国最伟大的总统之一，也是世界上有名的演说家。他的口才就得益于阅读。林肯能把布朗特、拜伦的诗集整本背诵下来，他还经常翻看莎士比亚的名著。在演讲中，他经常旁征博引，征服了无数听众。

如果你想扩大对话的范围，增加对话的深度，你就必须饱读诗书。阅读可以丰富一个人的知识，开阔一个人的视野，从而丰富一个人的谈话。如果你能做到“读书破万卷”，自然就可以“开口如有神”。

此外，你还要紧跟时尚潮流，把握时代脉搏，随时更新储存在大脑中的信息。社会发展迅速，社会生活的方方面面都在日新月异地变化着。如果我们不能跟上时代的潮流，将远远落后于时代，这不利于我们提高说话的水平。

每一个新手，都有一种心慌病

哈佛的心理学家曾做过这样一个有趣的测验，测验的问题是：“你最害怕的是什么？”结果“当众演讲”这个回答出现的次数最多，紧随其后的则是“死亡”。有数字显示，有将近一半的人对在公众面前讲话感到恐惧。

有的人站在众人面前，会出现口干舌燥、脸红出汗、声音发颤、语速加快、头脑一片空白等状况，这不仅影响自身的形象，而且还给当事人的身心带来沉重的压力和痛苦。然而，这些状况都是可以克服的。

胡适是中国近代史上一位学识渊博的学者，但他最初在公众面前却不善于讲话。为此，在美国学习期间，他专门学习了一门课程来训练自己的口语。一个炎热的夏日，他第一次站在讲台上讲话，台下的观众都在扇着风，由于紧张，站在讲台上的胡适，两腿发抖，把准备好要说的话全忘了。他把手放在讲台上，希望掩饰自己的紧张，记起一些话来。但为了锻炼他的勇气，老师要求大家直接搬走讲台，这让胡适更加紧张了。后来，擅长在各种场合演讲的胡适先生笑着回忆起那次经历，说："因为我只顾着想我要说的话，完全忘记了我颤抖的双腿。奇怪的是，它们逐渐停止了颤抖。"

爱默生先生曾说："恐惧较之世上任何事物更能击溃人类。"无法克服畏惧，建立起自信，也就无法完成一场高质量的演讲。也只有克服这种恐惧，我们才能最大限度地发挥我们的潜力，从容应对各种场合，以优异的表现，获得别人的欣赏和赞扬。

很多时候害怕演讲的原因其实是不习惯演讲，第一步总是最难迈出去的。美国前总统罗斯福说："每一个新手，常常都有一种心慌病。心慌并不是胆小，而是一种过度的精神刺激。"西塞罗是古罗马著名的演说家，他第一次登台讲话时面无血色，两腿发颤；美国辩论家詹宁斯·伯瑞安初次登台时也是双膝发抖；印度前总理英迪拉·甘地在她的第一次演讲中也不敢看台下的听众。

可能是过去的失败给你留下了阴影，当别人对你的语言或行为能力做出消极的反应时，你就会有一种紧张感。之后再遇到类似情况，你可能就会畏缩不前。但无疑，你越逃避它，恐惧就会越强烈。这个时候，你有必要调整心态，告诉自己，每个人都有恐惧，每个人都应该克服恐惧。

其实，有很多著名的演讲家，在最开始演讲的时候，都会感到恐惧。比如雅典著名的演讲家狄里斯。他在第一次登台演讲前做了充分的准备，但还是失败了。现实与想象的差距让他极度恐惧。因为演讲的过程中他语无伦次，观众甚至听不懂他在说什么。但是这次失败的演讲并没有使他气馁，他比以往更加努力地训练。他每天对着镜子说话，或者跑到海滩上，对着大海大喊，反复纠正自己说错的语句。经过几年的努力，他的辛苦付出终于取得到了回报，他成功了，被世人称为“历史性的雄辩家”。

因此当众说话，产生一定程度的恐惧感是正常的。重要的是，你要如何克服那份恐惧。即使有的时候这种恐惧来势汹汹，甚至造成了你言辞不畅、说不出话等严重情况，也一定不要绝望。因为大多数人都有这样的症状，只要你肯多花时间，不断训练自己，你就可以慢慢地克服恐惧。

善于沟通的人，说话都带着温度

在生活中，善于沟通的人相对给人感觉更随和，更容易相处，所以他们更受欢迎。善于沟通的人懂得如何维持和改善关系，更好地发现他人需求，展示自我需求，最终赢得人际关系，成就一番事业。

程明明在某家电气公司担任销售人员。一次，她被领导安排去一个偏远的乡村完成推广电气的业务。程明明到乡村后，选择了一户看上去家境相对殷实的人家，开门的是一位中年妇女，当妇女发现程明明是上门推销的，立刻警觉地把门关上了。程明明没有放弃，又接着敲了几次门，那位妇女才勉强开了一条门缝。程明明客气地说："您好，打扰您了。我知道您对我推销的东西不感兴趣，所以这一次我不是来向您推销东西的，我是想向您买一些鸡蛋。"妇女听了她的话，把门开大了一点，伸出头来，用怀疑的目光看着程明明。程明明看妇女少了一些防备，便继续说："您家里养的是山鸡吧？我看见它们很漂亮，想买一些新鲜的鸡蛋带回城里。"见妇女依旧是不解的表情，程明明继续说："我们城市的鸡下的蛋是白色的。我妈妈喜欢做蛋糕，但是她说白鸡蛋做出来的不好吃，所以让我买一些柴鸡蛋。"就在这时，妇女从门里走了出来，表情也比刚才温和多了。然后，程明明同她谈起鸡蛋的事，并夸奖妇女把家里操持得井井有条，妇女听了很开心。

于是，她高兴地带程明明去鸡舍参观。程明明参观时称赞妇女养鸡的经验，并说："如果你能把鸡舍实现电气化改造，鸡蛋产量还可以提升。"妇女听了若有所思，知道程明明还是想要宣传她的产品，但是她没有赶程明明出去，最后反倒成了程明明的客户，因为她觉得程明明的确能说会道，而且说得在理，她很喜欢与程明明交流。

能说会道的人并不是赢在他们说话的数量上，而是赢在了说话的质量上，话说得恰当，说到人心坎里。例如，两个女人表达了同样的意思，其中一个说，"她身材真好，但是她太黑了"；另一个说，"她虽然有点黑，但身材非常棒"。如果这两句话是说你的，你更喜欢哪一句？肯定是后者听起来更舒服一些。由此可以看出，措辞上的细微变化可以产生完全不同的效果。如果你想要成为一个善于沟通的人，必须要注意以下几点：

不说粗话

当我们说话时，我们必须有礼貌，不要让别人觉得我们粗鲁。现在有一些人似乎习惯了说脏话，他们在与人交谈时倾向于使用粗俗的语言，看上去是真实、不拘束的表现，实际上则是降低了他们的素质。因此，如果你想成为一个乐观、开朗、受欢迎的人，必须远离粗话。

不要过分自夸

没有人会喜欢爱吹牛的人，总是自夸的人永远也找不到真正的朋友。如果你夸大其词，就可能会被人看不起。一般来说，人们总是对同自己有关的事情感兴趣，对与自己无关的事情不太关心。因此，在与人交谈时，尽量少谈自己，不要没完没了地吹嘘自己。记住，你的自夸只会给别人留下一个浮躁、自大、自以为是的印象。

不要过度使用网络流行语

“人艰不拆”“十动然拒”“蓝瘦香菇”“洪荒之力”等网络词汇的流行，引发了大家对网络流行语褒贬不一的看法。有人认为网络流行语是瞬息万变的网络时代的产物；也有人质疑网络流行语让生活少了诗意，人们因此患上了语言贫乏症；还有舆论表示，网络流行语是对语言的不尊重，非常反感网络流行语。笔者认为，在一些社交场合中，频繁地说一些网络流行语，会让人觉得太过随意，没有内涵。因此，请不要过度使用网络流行语。

不要往别人的伤口上撒盐

每个人都有自己不想提及的事情，一旦被别人冒犯了，就会很生气。因此，我们在人际交往中，如果想要得到对方的赏识和帮助，就应该多谈论对方的优点和兴趣，而不是触及对方敏感的神经。

一个人的缺点、弱点，就是他的“雷区”，如果你硬要踩在上面，很可能会把自己炸得粉身碎骨。很少有人愿意提及自己的隐私、痛苦，当有人刻意提及甚至小题大做的时候，只会引来愤怒或怨恨。

王怡身材肥胖，曾经因此被校拉拉队拒之门外，所以她很不喜欢别人议论她的身材。而她的同桌唐琪则是学校公认的校花，不仅长得好看，身材也苗条。唐琪因此十分骄傲，在王怡身边，她总有一种优越感。一次班级聚会，唐琪和大家闲聊，聊到了有关保持身材的话题，她越说越起劲，直言自己跳舞水平一般，能进校拉拉队完全是因为身材好，还说什么“一白遮百丑，一胖毁所有”的话，这让王怡听着很是自卑，她默默地离开了聚会。第二天，王怡就和班主任申请调换座位。她不想活在唐琪的阴影之下。

无论你对自己的出身、地位、权力感到多么自豪，你都不应该随便触及别人不想被触碰的角落。这些可能是他们不想提及的“伤疤”，也是他们在社交场合试图隐藏和回避的话题。故意揭短是带有攻击性的武器，而且很多时候，攻击的力度会让被攻击的人承受不住。不管是出于什么原因，触及了别人的底线，很可能会遭到反抗与报复。

因此，会说话的人一定会照顾周围人的感受。在与人交流时，他们会考虑自己说的话是否得体，说话时尽量体谅别人，保护别人的自尊心，避免言语上的“雷区”。这一点不仅在生活中需要注意，在工作中也需要注意。

比如，新入职的员工可能会遇到一些难题，询问领导后，可能发现领导也没能给出很好的指导意见，于是会觉得原来领导的能力也不过如此。领导也并非全能，作为员工，你要记住，一定不要直击领导软肋。因为软肋被击中，任何人都会感到不舒服甚至疼痛。不管是与同事还是与领导相处，我们都应该尽量做到知己知彼，对方的长处和短处你都要有所了解，以便在对的场合让对方开心，也以防自己触及对方的弱点、伤害对方。如果你还不知道对方的忌讳是什么，那么说话时就更要谨慎一些。

还有一些人在人际交往时，往往会因为兴奋或攻击心理，轻易地揭对方的“老底”，拿对方的缺点来说事，其相当于催化剂，进一步激化两人的矛盾。这就像一对夫妻吵架一样，经常会因为在气头上就揭对方的伤疤，导致局面一发不可收拾，甚至走上离婚的道路。

总而言之，我们在与人交流时，要避开他人敏感的神经，杜绝说暴露他人“伤疤”的话语。即使你和某人有矛盾，也不要牵扯其他，就事论事比较好，不要试图通过揭对方“伤疤”取胜。

如果“交浅”，不必“言深”

亲密的朋友之间，谈话的内容可以更深入一些，但很多人只是见过几次面，交情不深，就不能聊得太“深”。因为人在沟通时不能“亲疏不分”，否则可能会坏事。在结交新朋友的时候，尽管你们彼此印象不错，但毕竟两人接触的时间不长，默契不足，很容易就会引起一些言语上的误会，也很可能导致“出力不讨好”的结果。对于同样的一些话，你的好朋友听了可能没什么感觉，但是被不熟的人听了就可能会多想。

因此，对于不太了解的朋友，尤其是那些交情浅的朋友，你必须保护自己的隐私，这样既是对别人的尊重，也是对自己的保护。

一天，在同一家公司上班的许栋和刘洋在一家餐馆偶遇。两人并不熟悉对方，但都知道是同一家公司的，于是两人拼桌，在一起喝了几杯。刘洋酒劲上来便说道：“还是你们部门安宁，没有什么钩心斗角，你是不知道，我在我们部门有多么难啊！”许栋连忙附和说：“嗯，知道知道！”其实，他并不想同刘洋多啰唆，因为刘洋在人事部，之前自己曾经请求人事部帮忙调动，但被人事部拒绝了，许栋一直耿耿于怀。正想着，刘洋便说道：“上次你跟我说人事调动的事情，并不是我不想帮你。我知道你的能力是很适合那个位置的，也想让你任职，但是我的官位不够大啊，老宋一直帮他亲戚盯着那个位置呢，他要让他亲戚去做，我也没法阻拦啊！哎，我今天和你说了这事，你可千万别和其他人说啊！”许栋听了顿时火冒三丈，但是在刘洋面前没有过多地表现，而是在心里暗自合计，打算上班后要去找老宋理论一番。

第二天刚上班，许栋就冲到老宋的办公室找他理论，越说越生气，最后两人吵了起来。刘洋得知后，心里很不好受，毕竟，一切因他而起，而且老宋要把位置留给亲戚的事情也是他道听途说的。他并不了解同事的脾气，因为一时嘴快，就轻易说出了一些未经证实的内幕，导致了别人争吵的后果。

通过上面的例子，我们知道，在和对方交情不是很深的时候，应该善于控制自己的倾诉欲，明白什么能说，什么不能说。还有，无论在什么情况下，既然别人对你说出了自己的秘密，就意味着他相信你，你就应该替他保守，不能随便乱说，更不要利用他的秘密达成自己的目的。

我相信，在生活中，每个人都想做一个坦率的人。因为坦率的人快人快语，从不会遮遮掩掩。对他们来说，有些话说出来，心里会很舒服，会觉得问心无愧。事实上，坦率是一种非常可爱和优良的人格，每个人都喜欢接触的人能坦率地表达自己的想法，但坦率也是有条件的，是相互的，就像是玩一场游戏要遵守游戏规则一样，如果任何一方违反了规则，就很容易伤害另外一方，甚至伤人伤己。

因此，不要随便表达自己，对不熟悉的人说一些自己或别人的秘密。当你和别人谈话时，你要提醒你自己正在交谈的人和你是什么关系，如果交情没到那个份上，那就管好你的嘴。

如何避免成为一个啰唆的人

没有人喜欢别人在耳边没完没了地啰唆。明明是一个简单的道理，对方却要翻来覆去、唠叨很久，这很容易引起人的厌烦心理。从心理学的角度来说，啰唆是一种无效的重复刺激，会在大脑皮层产生保护性抑制，从而诱导一个人产生自我保护机制。西班牙有一个传说，一个守礼甚谨的伯爵将死，一位朋友去看他。伯爵已经气都喘不过来了，但那位朋友还在拉着伯爵喋喋不休。到了最后关头，伯爵不耐烦地对朋友说：“对不起，请你原谅，让我此刻断气吧。”他翻身朝壁，就此善终。

伟大的思想家和革命家鲁迅说过：“时间就是性命，无端地空耗别人的时间，其实是无异于谋财害命的。”一个过于絮叨的人，不仅不讨别人欢心，而且会令人感到极度厌倦。

据史书记载，子禽曾问自己的老师墨子：“老师，一个人说多了话有没有好处？”墨子回答说：“话说多了有什么好处呢？比如池塘里的青蛙整天地叫，叫得口干舌燥，人们却并不注意它。但是雄鸡，每天只在天亮时叫两三声，大家听到就知道天马上要亮了，于是都关注它。”

墨子意在表明：话不在于多，而在于精的道理。简洁的语言往往更有效果，也更受人欢迎，同时，更能体现出一个人的智慧。

喋喋不休会给别人留下一种“话痨”的感觉。有些人为了在别人面前炫耀自己知道得多，往往极力地卖弄口舌，自以为能说会道，实际上内容反反复复也就那几点。话不是说的越多越能体现一个人的能力，主要是说的话能引起别人的共鸣，具有说服力，才能真正让别人觉得你“说得好”。

第二次世界大战爆发后，丘吉尔应邀参加剑桥大学的毕业典礼并发表演说。礼堂里挤满了成千上万的学生，他们在等待丘吉尔的到来。丘吉尔在随从的陪同下准时到达，缓缓地走进会场，然后走向讲台。丘吉尔脱下外套递给随从，再脱下帽子，然后静静地看着观众。一分钟后，丘吉尔才慢慢地说：“永不放弃！”说完这句话，丘吉尔穿上大衣，戴上帽子，离开了会场。整个会场鸦雀无声，片刻之间响起了雷鸣般的掌声。

简洁的语言，在关键的时刻，往往能起到醍醐灌顶的功效，给人留下深刻的印象。因此，这里有一些方法可以避免你在日常交流或者演讲中啰唆。

（1）培养分析问题的能力，理解如何透过现象看问题，总结关键词，使语句简洁。

（2）平时多阅读和学习，掌握一定的词汇量。福楼拜曾告诫人们：“任何事物都只有一个名词来称呼，只有一个动词标志它的动作，只有一个形容词来形容它。如果讲话者词汇贫乏，说话时即使搜肠刮肚，也绝不会有精彩的谈吐。”

（3）在条件允许的情况下，开口之前先打个腹稿，在心里把自己要表达的内容精简一下。简短有力的话语往往更容易获得别人的信任。

说话老是跑题，得治

与人交谈时，最需要避讳的就是“自以为是”。假如你们讨论的是“社会现象”，你说着说着便谈到了自己，这会给对方带来沟通的负担。对方可能并不想听你的经历，只是想沟通与工作有关的事宜，你强行扭转话题，可能会让对方产生反感。

因此，说话要懂得抓住重点、紧扣主题，任何时候都不要说太多的题外话。即便是说些看似与主题无关的话，但最终这些话其实还是为主题服务的。

庄周一生过着清贫的隐居生活。一天，庄家连饭都快吃不上了，于是他的妻子再三叮嘱庄周想办法。庄周无奈，打算先向他的好朋友监河侯借些粮食，挺过当下再说。

不巧的是，监河侯正忙着收拾行李准备外出。当他看到庄周时，他说：“我已经好多天没见到你了，你这次来有什么事吗？”庄周表明了自己的意图，监河侯说：“借粮食的事情好说。我现在要出城去收租，等我回来，我就借你三百两银子。”说完，监河侯就要走。

庄周听了监河侯的话，又生气又着急。他心里想，你去城里来回奔波要半个月，当你回来的时候，我的家人是不是都饿死了？

庄周想了想，对监河侯说：“等一等，陪我喝完这杯茶再走，可以吗?”监河侯不好拒绝，于是答应了。

在喝茶的时候，庄周对监河侯说：“昨天，我在来找你的路上，听到一个声音在呼救。我四处张望，但没有发现任何异样，最后，在路边干涸的水沟里发现了一条奄奄一息的鱼，正在那里张大了嘴巴寻求帮助。于是我问它从哪里来，为什么会变成这样。小鱼说它是从东海来的，快要渴死了，问我能不能给它一桶水救它一命。我说要水好办，等我去见越国和吴国的大王，请他们设法堵住西江的水，然后，把西江的水引来迎接它回东海。小鱼听后急了，生气地对我说：‘你现在给我点水，我就能活，但是按照你说的，我可能早就变成鱼干了。’”监河侯听了庄周的话，恍然大悟，于是马上命令下人去粮仓里装满一袋粮食，借给庄周。庄周接过粮食，谢过监河侯，高高兴兴地回家了。

庄周借用故事中的内容，暗指自己的处境，表现出自己的意图，实在是聪明的表现。他成功地说服了对方借粮。如果庄周只是随便讲一个故事，不仅不会实现自己的目的，对方也会认为他在浪费时间，结果可能适得其反。

语言说出来总是有目的的。无论是公开演讲、谈判还是日常聊天，都是为了达到一定的交际目的。所以当你在谈话时，要围绕着主题去说，明白自己要表达的是什么，这样就不会错过最好的表达时机。只有充分认识到话题的重点，才能更好地为对话做准备，才能明确采用什么样的说话风格和使用什么样的技巧更有助于自己达到目的。如果说话失去了目的性，谈话就会让别人感到困惑，甚至无聊。

总之，在说话的时候，你应该随时做好调整思路的准备。有时，也许由于环境的影响，谈话偏离了主题，这时，你需要有意识地自我控制，及时调整谈话内容，才能与人继续顺畅地交谈下去。

第九章

职场上有些“雷区”不能碰

在职场中，懂得自我保护，才能少受伤害。本章这些话题就涉及职场沟通的禁忌：家庭财产、薪水问题、私人生活、个人目标……

寻找共同话题，但避开个人隐私

在职场中，想要和同事愉快相处，首先要想着如何积极融入大家，平时多留心周围同事关注的事情，为寻找共同话题打下基础。有人的地方就有是非，所谓“水至清则无鱼，人至察则无徒”。当你的同事们“八卦”时，要学会巧妙地保持中立，适当地附和几句，对于没有弄清楚的事情则千万不要发表明确的意见。总之，要学会“参与，但不掺和”。

把近期的新闻作为同事之间的共同话题，是一个很好的选择。周围发生的、大家比较关注的事情，比如楼市、交通、股票等等都可以聊。共同爱好、共同话题，并非一蹴而就，是需要培养，需要慢慢观察、仔细寻找的。留心对方平时喜欢什么，你需要多关注对方的爱好，试着去了解、去掌握与对方爱好相关的事物，这样，你们在沟通的时候，就有了共同话题。

赵伟因为赶写一篇计划书，需要找资料室的大美女孙小姐查看有关资料，可看见孙小姐那满脸高傲冰冷的神情，心里就发慌了。赵伟想要打破这种局面，他主动与孙小姐攀谈起来：“孙小姐每天都很忙啊！”

“对！”

“你在资料室工作的时间很长吧？”

“不长！”

几个回合下来，孙小姐不但斩钉截铁般“惜字如金”，而且脸上一直未“解冻”，只有赵伟在那儿独自说话。于是，赵伟转变谈话策略：“听老总讲，我们单位有两个天使最出名，你猜是谁？”

“什么天使？不知道，那是谁啊？”孙小姐的脸上突然流露出兴致。

“一个是公关天使小吴，另一个就是孙小姐你啊！”赵伟发现自己找到了孙小姐感兴趣的话题，而且这个话题也是他所了解的，可以算得上是共同话题。

“他们都叫我什么天使？”孙小姐的话茬终于被激发出来。

赵伟面对“惜语如金”的孙小姐，在交谈近乎陷入僵局的情况下，抓住女人最感兴趣、最想了解的话题，从而让彼此的谈话走向和谐、愉快。当然，在你寻找对方感兴趣的话题时，一定要保证这个话题也是你想聊并且可以聊的共同话题，不然谈话也容易陷入僵局。

有时为了打开话匣子，避免自己唱“独角戏”，我们需要根据对方的性格、习惯、意趣等方面选择话题。但是，有一些话题是禁忌，千万别去触及，尤其是涉及个人隐私，千万别指望同事能帮你守住秘密。

俗话说：“逢人只说三分话，未必全抛一片心。”这就是提醒你，在为人处世中，千万不要动不动就把自己的老底交给对方。不论在任何情况下，都要留下七分话不必对人说出。你也许以为大丈夫光明磊落，事无不可对人言，何必只说三分话呢？老于世故的人，的确只说三分话，你一定认为他们是狡猾，很不诚实，其实说话须看对方是什么人，对方是不是可以尽言的人，你即使说三分真话，已嫌多了。因此，当你向同事倾诉衷肠时，需要先考虑一下倾诉可能带来的后果。“嘴”毕竟长在别人身上，以后的事情谁也无法预料。

李雯和陈苗苗在同一家公司工作，是工作上的搭档，两人关系不错。李雯结婚之后，得知自己怀孕时，最先想到的就是与陈苗苗分享这个喜讯。可没想到，就在李雯刚刚怀孕两个月的时候，她所在的公司因管理不善倒闭了，她和陈苗苗相约一起重新找工作。

李雯从报纸上得知一家公司正在招聘，便约了陈苗苗一同去面试。当时负责招聘的部门主管听说她们之前就是同事关系时，还用意外的眼光看了她们一眼。第二天，李雯就接到了那个主管的电话，要她去上班，她高兴地打电话告诉了陈苗苗。

可是，等李雯去报到时，主管却问她："你是不是已经怀孕了？"李雯一愣，心想：主管是怎么知道的？主管接着说："我们只需要一个人，本来决定让你来的，可是昨天你那个同事打电话告诉我你怀孕的事情。现在，我只能对你说声抱歉，我不想我刚招进来的新人，半年之后就要休产假。"李雯这才知道原来是陈苗苗在背后搞了小动作，心里涌起一股情绪，但说不清是愤怒还是悲哀。

竞争是残酷的，与人分享自己的"隐私"就相当于授人以柄，说不定在某个时候你的"隐私"就会变成别人攻击你的武器。

对同事的无理要求委婉说"不"

萧伯纳曾说："拒绝别人其实也是一门学问。"身处职场，你一定经常遇到这样的问题：一位同事突然开口让你帮他做一件难度很高的事情。

答应下来吧，可能要连续加几个晚上的班才能完成，而且这也不符合公司的规定；拒绝吧，面子上实在过不去，毕竟是多年的同事了。应该怎么找一个既不会得罪同事又能把这件事情顺利推出去的理由呢?

快下班的时候，杰森接到了阿郎的电话，他心急火燎地请求杰森再帮他一下，写个新方案给客户，他说客户已经催了他好几次了，可他实在没时间。最近因为谈恋爱的关系，阿郎常常这样请杰森帮忙做方案。沉浸于爱河的阿郎是杰森在公司里关系比较好的同事之一，以前他们在业余时间常常一起健身、逛街，杰森挺喜欢阿郎的洒脱和率真。因此，一个月前，当阿郎一脸兴奋地谈到他交往了一个女孩子的时候，杰森毫不犹豫就答应了帮他干点活，给阿郎更多的时间去“谈朋友”。可是一个月下来，杰森发现自己越来越不快乐，他发现自己已经厌倦了总是替阿郎做事。

办公室里的同事，需要相互帮助的时候很多，在力所能及的情况下，我们帮助同事是非常必要的，这样做也会给我们带来很多的益处，比如良好的人际关系和高效的工作。但也有一些人，会提出一些不合理的要求，那么怎么办呢?

有人会直接对同事说：“不，我不做!”这绝对不是最佳的选择，可能会让你和同事以后连朋友都做不成了。有人会推托说：“我能力不够，其实小A更适合。”那你有没有想过当同事把你的这番话说给小 A 听时，他会做何反应？有人会不好意思地说："我真的忙不过来。"理由不错，可是只能用一次，第二次再用时，你面对的一定是同事质疑的眼光。

这些好像都不是最佳的拒绝理由，那我们到底应该怎样婉转地拒绝同事的无理要求呢？

当你的同事向你提出要求时，他们心中通常也会有某些困扰或担忧，担心你会不会马上拒绝，担心你会不会给他脸色看。因此，在你决定拒绝之前，首先要注意倾听他的诉说。比较好的办法是，请对方把处境与需要讲得更清楚一些，自己才知道如何帮他，接着向他表示你了解他的难处，若是你易地而处，一定也会如此。

倾听能让对方感到被尊重，在你婉转表明自己拒绝的立场时，也相对能避免伤害他，或避免让对方觉得你在应付。如果你的拒绝理由是因为工作负荷过重，倾听可以让你清楚地界定对方的要求是不是你分内的工作，而且是否包含在自己目前重点工作范围内。或许你仔细听了他的意见后，会发现在协助他完成工作的同时，有助于提升自己的工作能力与经验。这时候在不耽误手头工作进度的原则下，牺牲一点自己的闲暇时间来协助对方，对你的职业生涯绝对有帮助。

当你仔细倾听了同事的要求，并认为自己应该拒绝的时候，你要说"不"，但你的态度必须是温和而坚定的。委婉表达拒绝，比直接说"不"更容易让人接受。例如，当对方的要求不符合公司或部门规定时，你就要委婉地表达自己的工作权限，让对方知道并暗示他如果帮了这个忙，就超出了自己的工作范围，违反了公司的有关规定。在自己工作已经排满而爱莫能助的前提下，要让他清楚自己工作的先后顺序，并暗示他如果帮他这个忙，会耽误自己正在进行的工作，会对公司与自己产生较大的影响。一般来说，同事听你这么说，一定会知难而退，再想其他办法。总之，只要你是真心地说“不”，对方一般都能体谅你的苦衷。

拒绝是一门艺术，它最核心的原则就是无论用什么样的方法，一定要让对方感受到你的真诚和善意，从而取得理解。通常情况下，先不要急于表达，认真地提问和倾听可以帮助你理解他为什么会这么做，而不至于让自己很快产生抵触情绪，影响交谈。当你理解了他的要求时，表达出你对他的理解和友好的愿望，然后再让他理解你的想法和需要，告诉他你之所以不能这样做的理由。如果你们在某些问题上有分歧，需要把你的想法坚定但友善地告诉他，并让他看到你的坚持。

闲谈莫论人非，更莫论上司

职场中的人一定要注意，有些话能说，有些话是不能说的。在与同事聊天的时候，一定要避免聊上司的不是，或触碰上司的软肋。说不准，你无心的聊天，会被同事拿去当作茶余饭后的传言，倘若传到上司的耳朵里，不仅你在工作中得不到什么展现的机会，甚至你的工作能不能保住都是一个问题。

张萌大学毕业在一家私企做技术专员。一天，她在办公室里和同事闲聊，偶然聊起了做领导好还是做员工好的问题。张萌就说："要我选择，我还是选择做员工，做领导太累。比如我们的顶头上司吧，他的上头还有领导，别看在我们面前很牛，在他的上司面前，不还是要点头哈腰的？活成了夹心饼干，想想都累！"

张萌的同事笑着说："但是，人家的工资比咱们高呀！人家有权力，咱没有呀！"听到这里，张萌不屑地说："不过，要我说啊，这都是一时的，要是哪天公司不行了，第一个该辞退的就是他！因为他比我们拿的工资多，但是技术上的东西却一点不懂！你说哪天公司不行了，公司是要他，还是要我们？"

张萌一番慷慨陈词后，本期待收获同事们的笑声，可结果却没有一个人在笑，大家都在认认真真地低头干活。张萌没有发现此时正站在她身后的上司，还在说："你们别不信，我有个朋友开的公司就是这样，前期做领导的一个个都牛得不行，当公司陷入低谷，第一个倒霉的就是那些做领导的！"

张萌说得激动，手一挥正好打在上司身上，一转头，上司正怒气冲冲地对着她。张萌心里顿时凉了一截。

张萌的上司不动声色地宣布："我是来向大家宣布一个消息，刚才总经理开会说我们要在两个月内裁员两名，我一直在想，我们大家都挺努力的，裁谁好呢？"这时张萌发现大家的眼光竟然一起冲向了她。结果不到两个月，张萌就被辞退了，此时张萌才明白，不管在哪里，嚼上司的“舌根”都是致命的错误！

中国有句古话讲得好：“闲谈莫论人非。”在办公室中，我们则应该“闲谈莫论上司”。向上司汇报工作或者闲聊的时候，应客观、准确，尽量不带有个人评价的色彩，以避免无意中的只言片语正好触及上司心里的那根软肋，引起上司的反感。

在办公室待的时间长了，大家难免都会聊点职场上的事，这时候千万要记住：无论别人怎么说，你只需要听就可以了。如果实在要说，就简单陈述自己的观点，表述意见确切、简明和完整，有重点，不要拖泥带水，只针对具体的事情，而不要针对某个人。

碰上谈论上司的坏话时，无论你知不知道上司的事情，都不要发表你的看法，小心隔墙有耳。

我们每个人的职场生涯中，都会有对自己发展起重要作用的人，很多时候这个人就是我们的上司！好的上司会让我们的事业不断提高，所以，和上司搞好关系是非常必要的。

萧雅的上司为人风趣幽默，但个头不高，身材有些臃肿，走路一摇一晃的，有些同事甚至给他取外号“猪头”。因为自己肥胖，萧雅的上司一般很忌讳别人说关于胖的字眼。

有一次，中午休息的时候，大家一起在办公室里聊天，回忆起大学时光。有一位同事说，当时他们大学最有名的校花竟然看上了一个既矮又胖且长得还不怎么样的男生，想来那个女生真是“傻帽”！

另外一名男同事也接着说：“有些人长得不怎样，矮肥圆，真不知道哪里来的那么多信心，不管是追求对象，还是创业开公司，竟然有很多都挺成功，实在想不通啊！”

这位同事说完，萧雅附和了一句：“说的不就是‘猪头’这样的人，他在女人中挺受欢迎的嘛。”说完，萧雅一转身，看见上司脸色蜡黄，站在自己的背后，一下子傻了眼。

外貌稍有缺陷的上司，最忌讳别人对他外表进行评价，不管你是直接的，还是间接的，即使不是说他的，也一定要注意，不然会惹祸上身！因为这样的上司一般自尊心都特别强，经常从别人的话中找到毛病。有时候你无心的一句话也会让他联想到自己的外貌，那时你就百口莫辩了。

办公室里人员复杂，是最容易滋生是非的地方。要想在这里生存，除了好好工作之外，余下的事情最好都不要管！谈论上司的软肋更是大忌，即使上司没有当面听到，也很可能会被别有用心的人传到上司的耳朵里。

薪水的多少是永远的秘密

人在职场中，总是忍不住自己的好奇心，喜欢偷偷打听同事的工资。有的人打探别人时喜欢先亮出自己，比如先说：“我这月工资……奖金……，你呢?”如果他比你钱多，他会假装同情，心里却暗自得意。如果他没你钱多，他就会心理不平衡，表面上可能是一脸羡慕，私底下往往不服，这时候你就该小心了。背后做动作的人通常让你防不胜防。

闫妮和甄晓兰在同一家公司工作，是工作上的搭档。两人关系很好，无论干什么事总是在一起，有什么喜讯都愿意和对方分享。

又到了发工资的时候了，因为上个月她们做的一个预案特别成功，所以老板给她们发了奖金。闫妮打开工资单一看，整整多了 3000 元的奖金，心里都快乐疯了。旁边的甄晓兰问她发了多少工资的时候，她毫不犹豫地说了出来，虽然公司有规定不让大家互相打听工资。

甄晓兰的脸一下就阴了下来，因为她的工资单上的奖金只有 2000 元。于是她就想：我和甄晓兰干的是同样的工作，一起设计一起讨论，凭什么我就比她少 1000 元呢。旁边的闫妮看她脸色不好忙问为什么，甄晓兰摇摇头，然后就自己走了。闫妮因为奖金很高兴所以没有太在意。

甄晓兰找到老板质问凭什么少发给她1000元的奖金，老板一愣，虽然很反感，但还是告诉她因为闫妮的工作比她严谨，有两个关键环节是由闫妮独自完成的，就让她回去了。回到位子上的甄晓兰越想越气，于是就悄悄地给闫妮"栽赃陷害"。不久公司传开：闫妮在做预案的时候贪污了公司的钱。事情传到老板的耳朵里，老板把她们俩叫到了自己的办公室。

一进门，老板就开口问闫妮："你是不是私自拿公司的钱买东西了？"闫妮一愣，心想：老板是怎么知道的？原来，上个月和甄晓兰一起做预案的时候，自己临时需要一笔急用钱，就从公款里面拿了一点，不过事后马上就给补上了。这事情只有甄晓兰知道，难道流言是甄晓兰传出来的？

反观此时的甄晓兰，正一脸严肃地看着她。闫妮心里明白了，她承认了自己拿钱的事情，老板查了查记录，确实也把钱补上了，于是批评道："下次如果再发生这样的情况要先和我说，否则之后走人。"闫妮赶紧答应了。

老板转头对甄晓兰说："你为什么陷害闫妮呢？"甄晓兰说："因为我觉得我们的能力一样，她却比我拿的工资多，我不服气！"最后，老板开除了甄晓兰，因为公司不能容忍一个好打听别人薪水而嫉妒心又如此之强的人。

薪水是对员工劳动价值的一个肯定，它通常不能由员工自己决定。身在办公室，每个人的学历和能力都不一样，薪水自然也就不一样。打听别人的薪水只会让自己不痛快，碰到像甄晓兰这样的人，只能是自讨苦吃。

在办公室里，薪水的多少是一个秘密，触碰不得。要明白，别人的薪水多少和你没有关系，即便大家的工作一样，也要看平时的表现以及工作时间的长短。因此，碰上发薪水的时候，不要随便打听别人的工资。如果别人打听自己的工资也要懂得拒绝。

首先，你不要做这样的人。如果你自己都不能把持住自己的嘴巴，那么当别人问你的时候，你就没有任何借口拒绝。

其次，如果你碰上这样的同事，最好早做打算。当他把话题往工资上引时，你要尽早打断他，说公司有纪律不谈薪水。如果他语速很快，没等你拦住就把话都说了，也不要紧，你可以直接回绝对方：“对不起，我不想谈这个问题。”有来无回一次，就不会再有下次了。如果不好意思直接拒绝，那也可以委婉一点回应，比如：“跟你差不多”“够我生活的”“少得不好意思拿出来谈”或是“有些事我连我父母都不透露”等。

识别同事心理特征，增强应变能力

在职场中一定要融入集体，不要“鹤立鸡群”，否则职场中没有同事愿意和你合作，没有人愿意理你。

让别人会比较忌讳的一点就是私心太重，一个人如果时时刻刻只关心自己，对他人的事情不闻不问，那么这个人一般不会受到大家的欢迎。和同事相处尤其如此，比如在公司里发物品、领奖金等，你先知道了，或者已经领了，一声不响地坐在那里，像没事似的，也不向大家通报一下；有些东西可以代领的，也从不帮人领一下，这样几次下来，别人自然会有想法，觉得你太不合群，缺乏共同意识和合作精神。以后他们有事先知道了或有东西先领了，也就有可能不告诉你。如此下去，彼此的关系就不会和谐了。因此，你一定记住要把自己融入团队中，把团队的事情当作自己的事情。

如果你新进入一个公司，对周围的同事都不熟悉，那就需要你主动寻找机会融入进去。找一个特别的日子，例如顺利完成一个计划后请同事吃个饭。这一顿饭意义重大，别忘记以下任务：趁机多了解每一位同事的背景，包括公与私，这对你有莫大好处，会方便日后的工作。加入同事们的“午饭圈”，当然不必天天如此，这样既太突兀，对你也未必适合，安排一星期两天就够了，目的是保持一定的联系，同时可获取公司里一定的信息。除了午饭，下班后去娱乐一番也是好主意，远离了办公室，所有人都会放轻松，谈起话来也随便得多，更易使彼此熟悉。

但是，合群也是有度的，搞自己的小团体也不好。不要对其中某一个同事特别亲近或特别疏远。不要老是和同一个人说悄悄话，进进出出也不要总是和一个人。否则，你们两个人也许亲近了，但是你们疏远了别人。

职场中如果对同事很冷漠，即使同事对你热情，你依然很冷漠，这也是需要注意的。比如同事带点水果、瓜子、糖之类的零食到办公室，休息时大家分了吃，你觉得这样做不好，为了突出自己的“鹤立鸡群”，你一律推掉了。这样的做法往往会让同事很尴尬，而且对你自己也不好。休息时间毕竟不是上班时间，不要那么较真。有时，同事中有人获了奖，大家高兴，要他买点东西请客，这也是很正常的。对此，你可以适当地参与，不要冷冷地坐在旁边一声不吭，更不要一口回绝，表现出一副不稀罕或不屑为伍的神态，时间一长，大家都会觉得你难以相处。

在复杂的职场中，善于分析判断，增强应变能力是一项出色的能力。在处理形形色色的同事关系的过程中，如果能恰当运用，就能够及时地了解同事的心理，从而采取相应的措施，避免同事之间不必要的摩擦或伤害。

在职场中，还有一些方法可以帮助你与同事打成一片。

学会安慰和鼓励你的同事

俗话说："患难见真情。"如果同事自己或者家中遇到什么不幸或不顺的事，工作情绪非常低落时，往往最需要有人对其进行安慰和鼓励，而此时的安慰和鼓励也最能让同事对帮助他的人感激不尽。这时，您可以对同事进行安慰和鼓励，让他把心中的烦恼和痛苦诉说出来，帮助他解决困难，分担痛苦。

勤于向同事求援

很多职场中的人觉得大家都是同事，都在工作，向别人请教恐怕不妥。还有些人是碍于面子，遇到自己不能解决的困难时，总是难以向别人启齿。这样的心态是不对的。

因为一方面你不向别人求援，别人就不知道你的困难，那么你就失去了一个解决困难的机会；另一方面，你不向别人求援，别人就会误认为你是一个怕麻烦的人，以后别人一旦有事自然就不会向你求援了。因此，若你遇到困难时，应该勇于、勤于向同事求援，这样反而能表明你对同事的信赖，从而能进一步融洽与同事的关系，加深与同事之间的感情。

良好的人际关系是以互相帮助为前提的。因此，求助他人在一般情况下是可以的，当然，也要讲究分寸，尽量不要使他人为难。

千万不要得理不饶人

和同事交谈时要懂得克制自己，不要总想在口头上占尽同事的便宜，否则时间长了，同事就会逐渐疏远你。比如有些人喜欢说别人的笑话，占别人的便宜，虽是玩笑，也绝不肯以自己吃亏而告终；有些人喜欢争辩，有理要争理，没理也要争三分；有些人不论谈国家大事，还是谈生活琐事，一见对方观点与自己不同，就死死抓住不放，非要让对方败下阵来不可；有些人对本来就说不清的问题，也想要争个水落石出。这样的行为都是非常影响同事之间的关系的。

和同事交流一些私事

有很多职场中的人不喜欢和同事交流一些自己的私事，觉得那样对自己没有什么好处。但是事实上，和同事交流自己的私事是很容易拉近彼此的友谊的，只是要注意场合，千万不要在工作时间进行交流。

如果在你的心里，这些内容都是应该保密的，而你也从来不和别人说，那么就请找一些可以说的话题来讲。总不能没话说吧？无话不说，通常表明感情之深；有话不说，自然表明人际距离的疏远。你主动跟别人说些私事，别人也会向你说，有时还可以互相帮忙。你什么也不说，什么也不让人知道，人家怎么信任你？信任是建立在相互了解的基础之上的。

功劳面前说低头话，避免被人孤立

上班之后，每天和我们相处时间最长的人是谁？不是爱人，不是父母，而是同事。早上一睁开眼，便急急忙忙赶去与他们见面；直到夜幕低垂，才满脸倦意地互道“再见”。出来工作的头一天，父母都要千叮咛万嘱咐：在外面，讲究的是一团和气，和同事抬头不见低头见的，千万别生嫌隙。但人算不如天算，尽管你小心翼翼地维护着和同事的关系，但有一天却仍可能惊奇地发现：自己怎么被同事孤立起来了？

被同事孤立的滋味不好受，被孤立的原因也是五花八门。但每个感到被孤立的人都可以想一想，为什么被孤立的是自己，而不是别人呢？除了遇上一些天生善妒的小人，大部分时候，自身的一些缺点都是导致被孤立的主要因素。在单位里，飞扬跋扈的人、搬弄是非的人、爱打小报告的人、爱出风头的人，往往都是被孤立的对象。假如你被孤立了，赶快检查一下自己是不是这类人中的一个。

归纳起来，被同事孤立的原因主要有如下三种：

第一，薪水过高。

张晓宇经过面试，跳槽到了一家新公司。她对于新公司还是充满期待的，可是，她发现自己被同部门“唯二”的两个女同事孤立了。一开始，张晓宇还以为是大家不熟，所以每天上下班的时候都会向她们微笑、打招呼，但她们总是面无表情，装作没看见。张晓宇觉得很尴尬，但是她还是安慰自己，过段时间就好了。时间慢慢过去，她们还是不跟张晓宇说话，张晓宇想要凑过去和她们一起聊天时，她们像商量好的一样，马上闭上嘴巴，各做各的事情去了，丢下张晓宇讪讪地站在一边。

在这种环境下工作，张晓宇的郁闷可想而知。后来，她才迂回地从其他同事那里听到一点风声：原来，张晓宇的资历跟她们差不多，但是工资却比这两个女同事高出一大截，于是引来了她们的忌恨。

张晓宇对现在的工作非常满意，不仅能够轻松胜任，工资待遇也很称心。她不想因为同事关系不和就牺牲了工作，可心里的烦恼却与日俱增。

堡垒都是从内部攻破的，想不被人孤立，关键在于打破敌方的统一战线。张晓宇可以找机会多接近两人中比较好说话的那个，经常赞美她的服饰、气色，聊聊家常；对另外一个，就只打招呼，少说话。时间长了，她们的阵营自然就被分化了。不过，使用这一计，必须得有十足的耐心。

第二，弄错角色。

赵晓冉在一家国有企业从事财务工作。她也是千辛万苦考进来的，财务部只有主任、出纳和她三个人。主任不管业务，出纳去年才凭关系进来，于是全部门所有的工作几乎都压在了赵晓冉身上。听说，出纳有背景，平时的工作少得可怜，主任也从来不说她。在领导的纵容下，出纳工作极其马虎。相反，赵晓冉做事努力尽心，可到最后总感觉自己吃力不讨好。甚至主任还会开玩笑地暗示，她工作太认真，把她这个主任都“架空”了。

赵晓冉觉得特别冤枉，主任连电脑都不懂，还经常把所有的工作都推到她一个人身上，把她累得几乎趴下，到头来，却埋怨她。

现在，主任和出纳都明显地表现出不喜欢赵晓冉，平时两人总是有说有笑、有商有量，单单把她排除在外，赵晓冉为此郁闷不已。

如果一个人不喜欢你，可能是他不对；如果所有人都不喜欢你，也许问题就出在你身上。赵晓冉对工作兢兢业业，为什么不被主任肯定？很可能是她平时有些越级的举动，令主任不满。她说，自己很想把财务部的工作搞好，由此可以看出，她把自己的角色弄错了。把部门搞好是主任的事情，作为下属，应当配合上级完成这一目标，而不是干脆代替上级去思考。她在言谈中对主任颇为鄙视，主任对此怎么会没有察觉呢？看来，赵晓冉还是应该先摆正自己的位置。

第三，太出风头。

许明明是个精明能干的女孩子，年纪轻轻便受到老板的重用，每次开会，老板都会问她对某个问题怎么看。她的风头如此之足，公司里资格比她老、职级比她高的员工多多少少有些看不下去。

许明明虽然已经结了婚，但是跟另一半约好了做丁克，刚好彼此都不是独生子女，父母也没有给什么压力。本来，这只是一件非常私人的事，但是，却有好事者到老板那里吹风，说她一心上位，连孩子都不生。这个说法迅速传遍了整个公司，许明明在一夜之间变成了“心机婊”。此后，许明明发觉，同事看她的眼神都怪怪的，除了公事也尽量不跟她说话，一道无形的屏障隔在了她和同事之间。许明明很委屈，她并不是大家所想的那么功利呀，为什么会这样？

在职场中锋芒太露，又不注意平衡周围人的心态，有这样的结果并不奇怪。徐明明并非目中无人，只是做人做事一味高调，不善于适时隐藏自己的锋芒。只要她能真诚地对待同事，日子久了，同事们自然会明白这就是她的真性情。

同事之间嫉妒的产生往往是因为以下的情况：“他的条件又不见得比我好，凭什么爬到我上面去了？”“他和我是同班同学，在校成绩又不比我好，可是竟然比我发达，比我有钱！”换句话说，如果你升官了，受到上司的肯定或奖赏，获得某种荣誉，那么你就有可能被同事中的某一位或多位嫉妒。

如何才能躲避这些办公室里的“敌意”呢？

首先，请切记别被晋升加薪之类的喜事冲昏了头脑，要处处表现虚心、容易满足。总之，就是采取谦让的姿态。

即使当你像坐直升机一样，权力一天比一天大时，请仍然保持与旧同事的关系，抽时间与他们在一起聚聚。谈话时更不能自己提起那些成功史，即使别人阿谀一番，也当是耳边风好了，或者索性说："那绝非我的功劳，是大家共同努力的结果。""多谢你的夸奖了，其实我还要更加努力，才能胜任此职。"

处处表现虚心，不要颐指气使。同事一旦对你有了偏见（由嫉妒演变而来），他日你做起事来，障碍肯定更多，对你当然不是好事了。

如果你骄傲起来，对有心者而言，他们就会有"果真如此"的想法；无心者呢，也可能产生"原来如此"的看法。总之，让人看穿了心事，百害而无一利。因此，凡事应该有所保留，婉转地答谢对方的褒奖："谢谢你的欣赏和鼓励，我可受之有愧！"最佳的办法是全数承受了对方的夸奖，却将功劳归于整个部门："多谢了！你过奖了！这个计划得以顺利完成，也正是我们部门各位同事通力合作的成果，值得庆祝！"

其次，对某些人热情过度也往往会招人嫉妒。如你对平级的某些同事热情过度，其他平级同事倒也不会有太大的嫉妒，但会让你的上司觉得你比他还有"人缘"，比他还有"群众基础"，他怕你深得人心，将他比了下去，对他造成威胁。这样，上司难免会对你"另眼相看"。

遭人嫉妒会给自己的工作和人际关系带来方方面面的影响，因此必须以聪明的办法来化解。而话又说回来，嫉妒别人也不是好事，如果你有了嫉妒之心，又无法加以消除，那么千万不要让它转变成破坏的力量，因为这种力量会伤人也会伤己，而且嫉妒也会阻碍你的进步。因此，与其嫉妒，不如想办法追上或者超越对方。

第十章

这样说，和上司就不会“冷场”

上司就是你的伯乐，没有伯乐的赏识，再厉害的千里马也只有被埋没。但上司也是人，也需要被人尊重。那些见到上司就像老鼠见到猫，总想绕道走，或总是同上司把天聊死的人，只会与机会擦肩而过。

亦刚亦柔，主动和领导沟通

坦诚，在任何时候都是非常重要的，面对领导，我们尤其需要坦诚，更重要的一点是要让领导感受到你的坦诚。工作中的事情不要对领导隐瞒，要以开放而坦率的态度与领导交往，这样领导才觉得你可以信赖，他才能以一种真心交流的态度与你相处。

一旦你有机会与上司单独相处，要积极寻找沟通话题，这是最好的给上司留下深刻印象的机会，最恰当的话题就是谈一些与公司有关、上司很关心而又熟悉的话题。有很多话题适合打破冷场："我很想知道您对这件事的看法……"当上司滔滔不绝地发表看法时，你不仅能从中受益，他也会对你这样一个谦虚的听众欣赏有加。

和领导主动沟通要选对场合和时间。

张倩在一家广告公司做广告文案策划。一次，上司交给她一项重要的任务：按照上司的既定思路做一个详细的策划方案。上司先告诉她，客户负责的是当地一个大型房地产公司的项目，并表示这个客户对公司将来的发展很重要。为此，上司先提出了策划思路，让她按照这个思路做策划方案。她发现上司的思路有一个致命性的错误，如果按照那个思路做策划方案，肯定会遭到客户的拒绝。于是，张倩又找到上司，当时上司和全公司的领导正在开会，但她很着急，当着众人的面直截了当地说："你的思路根本不对，应该这样……"

这让上司感觉很没面子，结果是方案给了别人做。尽管最终的策划方案的确不是上司预先的思路，但张倩的那位同事没有像她那样直接顶撞上司，而是私下同上司做了交流，上司主动改正了原有的思路，结果自然是皆大欢喜。

以理服人需要讲究方法，有时候它并不是说服领导的最高原则。即使在道理上，你是正确的，但是在实际操作中，让领导觉得没有面子，或者领导没有领会到你的深层次考虑，实际上你所有的道理是完全无用的。因为人是有强烈感情色彩的动物，生活中情大于理的情况比比皆是，在感情与道理之间，人往往侧重于感情，领导者当然也不例外。从学生转变为员工，第一件需要做的事情就是要学会主动沟通，与人坦诚相待，说话做事讲究方法。

有的人有时迫于周围人际环境的压力，主观上不敢与领导进行主动沟通。当工作中存在失误的时候，消极地躲避是不行的，只有主动地沟通，主动地承认错误、改正错误，才是上策。

任何人都难免会犯错误，但有的人一旦在工作中出现纰漏，就会感到内疚、自卑，甚至后悔不已，犯错误后，不敢主动与领导沟通、交流，唯恐领导责备自己，害怕见到领导。事实上，有些错误本身并不要紧，抓紧时间还来得及补救，所以要尽早与领导沟通，以期得到领导的批评、指正和帮助，同时取得领导的谅解。消极地回避，反而有可能让领导产生误解，认为你不愿意或者没有勇气来承担这个责任，从而失去对你的信任。

要想烧制出上等的瓷器，最关键的是火候。同样的道理，要想说服领导，就要把握好说话的分寸，有时候，不仅需要具有良好的口才，还需要在说服过程中采取一些策略，这样才有可能让自己的主张得到采纳，既能坚持自己的原则，又能使事情得到解决。

战国时期，齐威王沉缅女乐，不理朝政。上行下效，大臣们也尸位素餐。国家强敌环伺，可是却无人敢去进谏，最后，只好由“身长不满七尺”的淳于髡出面。

淳于髡并没有像人们想象的那样气势汹汹，单刀直入地向齐威王提出劝谏，而是找了个机会和他下棋聊天。淳于髡对齐威王说：“咱们齐国有一只大鸟，落在大王的屋顶上，已经三年了，可是它既不飞又不叫，大王您知道是什么原因吗?”

齐威王本身并不昏庸，所以当他听到淳于髡的隐语后，就被刺痛并醒悟了。于是，齐威王很快地回答说：“这只鸟正在休养生息，不鸣则已，一鸣就要惊人；不飞则已，一飞即将冲天。你就等着看吧!”从那以后，齐威王立即停歌罢舞，戒酒上朝，切实清理朝政，严肃吏治，接见县令共七十二人，赏有功一人，杀有罪一人。随后，齐威王还领兵出征，打退侵犯齐国的各国诸侯，夺回被别国侵占的所有国土，齐国很快又强盛起来。

淳于髡劝谏的方法值得我们学习。当自己的领导有失误时，我们不能回避，但也不可直言指出，而应该采取一些迂回的方法，运用一些曲折的技巧，刚柔并济地把自己的意见灌输给领导，这样不仅能解决面临的问题，还能博得领导的欢心。

每位领导者的思想作风、脾气秉性、兴趣爱好各不相同，而作为下属，如何根据领导各自不同的性情，与之和谐相处，或者取长补短、相得益彰，就尤为重要。同时，在上下级的谈话中，领导也会根据你的表现，了解你的才华，熟悉你的性格，清楚你的为人，从而形成对你的总体评价，而这种对你的印象和看法将会在某种程度上决定你某个阶段的发展前途。

有的人对领导唯唯诺诺、唯命是从，甚至低声下气、阿谀奉承；有的人则自命清高、我行我素；还有个别的人自以为比领导高明，常不分场合给领导提意见，还在背地里贬低领导。

领导也是人，也有七情六欲。你要全面了解他的为人原则、脾气秉性、工作能力等等。兵法云“知己知彼，百战不殆”，只有更多地了解领导，才能更好地与之相处。领导身上的一些小问题，只要不碍大局，尽量回避就可以了，如果经过较长时间接触，与领导结成较深的感情，可以视情况对领导不当的做法提出有益的参考性意见；对领导工作上暴露出的缺点，你可以选择合适的场合采取适当的方法委婉地予以提示。

如果领导一时还不能接受，那就要善于等待，寻找并利用各种机会帮助领导在实践中逐渐认识并加以改正。那种对领导“投其所好、送其所要”，一味阿谀奉承的谄媚行为，或者靠送礼、贿赂买来一官半职，虽然能博得领导的一时欢喜，但从长远来看，毕竟丧失了人格，而且违纪违法，后果终究不会好的。

不管与领导谈话能获得哪种效果，但是有一点是可以肯定的，即交谈的效果与谈话者掌握的分寸和火候有很大关系。与领导讲话，掌握好时机，选择好话术，亦刚亦柔是较为得体的办法。

经常找一些机会向上司汇报工作

人与人的感情是在频繁的沟通中产生的。要拉近与上司的心理距离，首先要从汇报开始，汇报的次数越多，领导对你的印象就越深刻。经常找一些机会找领导汇报工作，就能给他一种受尊重的感觉，他才会对你产生好印象。

你也许会说，我的工作领导都清楚，不需要汇报了。这种想法是错误的，要知道你汇报的不是工作，而是尊重！这种尊重是使领导欣赏你的基础。

比方说，你是一个熟练的业务员，该怎么工作已经驾轻就熟，但还是要汇报，因为很多时候领导听的不是你汇报的内容，而是在确认自己有没有得到你的尊重。只有感觉自己得到了足够的尊重，他才会关心你、帮助你，让你工作开展得更加顺手。

如果新到公司有陌生感，或领导有点怀疑你，那么汇报是消除隔膜的最好途径。从现在开始，往领导的办公室跑得勤一点吧！不过话又说回来，汇报总得有内容，如果你是个懒姑娘，什么活儿都不愿干，那你盲目去汇报无疑是找骂挨。脚要勤快，手也要勤快，多做事才能引起领导的重视。毕竟是在职场，只有拼命做出成绩才是对公司最好的回报。一个既会做事又懂汇报的人，在任何环境里都能如鱼得水。

小丁是一个非常懂得做事规则的女人：有些工作是她必须要做的，或者通过分析知道会轮到她头上，那么她就不会坐等老板分配任务，而是主动请缨，变被动为主动，这样一来就算工作完成得不是特别完美，上司也不太会找毛病，因为这种主动工作的风格是上司们喜欢的。每到年终时，小丁的奖金也总比别人多一些。

另外，不仅要把大事做好，小事也不可忽视——小事往往决定你是上升还是下降或者被放逐、发配。上司在考验下属（特别是新进公司的人员）时，不是拿世界上从未解开的问题，而是用最简单的问题，通过完成状况来进行综合评价，往往这些评价就决定了被考核者是被放入重点发展的行列，还是被归入可有可无的群体。

有些人的心比天还高几丈，看到简单的工作就敷衍了事，觉得做那样的工作屈才。这么想就有些幼稚了，因为再大的工作也是由小环节组成的，不把小环节做好，何来做大事？一个小环节不到位，可能所有的工作都会前功尽弃。因此，小事也要做好，这样才能给上司“能做大事”的感觉，才能让他继续欣赏你。

在职场中，要想得到领导的认可，首先就是服从。如果你不听指挥，别说是欣赏，在公司也待不久。

服从体现在哪些方面？做什么事都不要背着上司，工作进度要让上司知晓，听从安排和指挥（如果你明明是个财务人员，每天不做账，却要跑去扫地或做其他与工作无关的事情，那么做得再好也无人欣赏）。只有在上司的关注下开展工作，你做的事才有意义，才能得到肯定与夸奖。

用上司的心态对待你的工作

有一个贵族，他有一些事要出远门。临行前，他把三个仆人召集起来，根据每个人的才能，给了他们一些银子，让他们去经商。过了一段时间，这个贵族回来了，他召集仆人们，了解他们经商的情况。第一个仆人说："主人，您交给我 5000 两银子，我已用它赚了 5000 两。"主人听了很高兴，赞赏地说："你既然在赚钱的事上对我很忠诚，又这样有才能，我就把许多事派给你管理。"第二个仆人接着说："主人，您交给我的 2000 两银子，我已用它赚了 1000 两。"主人也很高兴，赞赏这个仆人说："我可以把另外的一些事交给你管理。"第三个仆人来到主人面前，打开包得整整齐齐的手绢说："尊敬的主人，看哪，您的 1000 两银子还在这里。我把它埋在地里，听说你回来，就把它挖出来了。"主人的脸色沉了下来："你这个又恶又懒的仆人，你浪费了我的钱！"于是主人夺回他这 1000 两银子，给那个已经有 10000 两银子的仆人，并说："凡是有的还要加给他；没有的，连他所有的也要夺过来。"

最后的仆人认为自己也会得到主人的赞赏，因为他虽然没有赚钱，但是也没有丢失主人给他的1000两银子。在他看来，这也算是无功无过了。然而他的主人却并不这么认为，他希望看到每个人的能力有所发挥，希望他们能够表现得杰出一些，前面的两个仆人做到了——他们站在上司的角度上，把赋予自己的东西增值了，只有那个愚蠢的仆人得过且过。

优秀员工的标准是不仅自己执行成功，还帮助上司执行成功，同上司一起执行，一同完成任务，同上司一同成长而不是毫无目的地跟随上司。

帮助上司获取成功有许多方式，而不仅仅是拍马屁。欧阳是一位国际市场部总经理助理。他接到了一项紧急任务，根据上司的笔记，准备好业务进展曲线图表。起草图表时，他注意到上司写道：“美元坚挺，则出口就会增加。”欧阳知道，事实恰恰相反，于是，便通报上司，告知已经纠正了这一错误。

上司很感谢欧阳发觉了他的疏忽。第二天向上呈报时未出丝毫纰漏，上司对欧阳做出的努力再次道谢。不久，欧阳发现自己的薪酬有所增加。上司并非全才，在工作中也会遇到许多难题。这些难题也许不是你的分内工作，可是这些难题的存在却阻碍着团队的前进，如果你能够帮助上司解决这难题，无疑，你在成功的路上会进展得更快。

如果你想取得同上司一样的成就，办法只有一个，那就是比上司更积极主动地工作。

与此恰恰相反，很多人认为，公司是老板的，我只是个打工的，工作得再出色，钱是老板赚了，功劳是领导领了，于我何益？存有这种想法的人很容易成为“按钮”式的员工，天天按部就班地工作，缺乏活力，有的甚至趁领导不在没完没了地打私人电话，或无所事事地遐想。这种想法和做法无异于在浪费自己的时间，自毁前程。

怎样才能够成为领导呢？那就是要比领导更积极主动地工作，对自己的所作所为负起责任，并且持续不断地寻找解决问题的办法。这样坚持下去，你的表现便能达到崭新的境界，为此你必须全力以赴。

比领导工作的时间还要长

一天没有看到领导，不要就盲目地以为他没有在工作，也不要根据表面现象判断你的领导整天只是打打电话、喝喝咖啡而已。实际上，他们只要清醒着，头脑中就会思考着公司的行动方向。一天十几个小时的工作时间并不少见，所以不要吝惜自己的私人时间，一到下班时间就率先冲出去的员工是不会得到领导认可的，即使你的付出得不到什么回报，也不要斤斤计较。除了自己分内的工作之外，尽量找机会为公司做出更大的贡献，让公司觉得你物超所值。比如：下班之后还继续在工作岗位上努力，尽力寻找机会增加自己的价值，尽量彰显自己的重要性，使自己不在工作岗位上的时候，公司的运作显得很难进行。

抢先思考

任何工作都存在改进的可能，抢先在上司提出问题之前，已经把答案奉上，是最难得的。事实上，能够做到这一点的人并不多。也许可以说，能长期有本事同上司在工作上竞赛，而且有本事把对方击败的，也差不多可以有资格升职了。

为此，要成为上司的心腹，即使不能每一次都比上司反应得快，但最好有一半以上的次数不要被他比下去。上司在知道你不是他的对手时，就很自然地会对你信任起来，此所谓“识英雄者重英雄”，再棒的上司都需要有人才在身边辅佐。

什么样的心态将决定我们过什么样的生活。当你具备了领导的心态，你就会去考虑企业的成长，就会去考虑企业的明天，就会感觉到企业的事情就是自己的事情，就知道什么是自己应该去做的，什么是自己不应该去做的，就会像领导一样去思考，一样去行动。

唯有端正心态，你才会感觉到自己的存在；

唯有端正心态，你才会感觉到生活与工作的快乐；

唯有端正心态，你才会感觉到自己所做的一切都是理所当然的。

以领导的心态对待公司的人，不管他从事什么样的工作，都会比那些只具备打工者心态的人更容易走向成功。

职责要到位，但不要越位

在职场中，每个人都会有自己的一个位置，不同的人处于不同的组织层次，相对应的职能也有所区别。对于自己所处的这个位置角色，第一要求是明确自己的职能和所需技能，对自己有一个清晰的认识。这就要求你兢兢业业地做好属于你这个位置所应该做的一切事情。这就叫职责上的到位。

然而总是有一些人喜欢做些越位的事情，做些本不属于职责范围的事。当然，这个问题需要一分为二地看，但越上级的位，通常情况下不会有什么好结果。作为下属，用四个字来概括其定位就是：贯彻执行，即贯彻上司的思想，执行上司的决策，在贯彻执行的过程中接受上司的考核。和上司相处，你是他的下属，当然必须尽己所能助他一臂之力，但是，请不要忘记自己“参谋”的身份，切莫自作主张，喧宾夺主。

一次，销售部的张经理带王勇一起出差谈一个大单，因为对方的客户代表邵经理是王勇的大学同学，张经理希望王勇能以这层关系为突破口，搞好公关。王勇确实很快就和老同学热乎起来，不仅给他详细地介绍了公司的产品，还天南海北地聊了一通。酒过半酣，邵经理提起一些合作细节时，王勇完全没有征询张经理的意见，竟然自己拍了板，商定了合同，让坐在一旁的张经理很尴尬。

合作敲定之后，王勇又自作主张加了满满一桌菜，和邵经理继续神聊，看到满桌的菜肴剩下大半，餐费大大超过预算，张经理心里更加不满意。回去的路上，王勇还得意地问：“张经理，我这次表现还可以吧？”

张经理冷冷地说道：“嗯，不错，给我留下了深刻的印象！”

虽然在这次谈判中，王勇起到了重要的作用，然而，他却忘了职场上的规矩，凡事都自作主张，根本没把上司当回事，这样做，怎么可能得到上司的信任呢？因此，在与上司相处的过程中，大到与客户谈判、日程安排，小到出去买水、确定住宿标准，都应该明确自己的职责，先听听上司的意见，以免出现不合时宜的言行。最佳做法是当好“参谋”，提出建议，说明理由，把最终的决定权交给上司，切莫自作主张。

每个单位都有其运转的规则，每个人都需要在自己的岗位上发挥作用。作为员工，应对自己的职务、职权、职责负责，在任何情况下，先做好自己的本职工作，到位而不越位。

所谓的到位而不越位，归根结底是“度”的问题。有的员工长期在上司身边工作，深得信任，就难免产生错觉，以为消除了与上司之间的界线，从而不自觉地站在上司的位置上，替上司做起主来。虽然你是为上司分忧，也是为了维护公司的利益，但即使你做对了，上司心里也不会舒服，因为决策权还需要在他手里。因此，在工作中，无论你与上司的关系多么亲密，无论你多么正确，也不要逾越与上司之间的界线。

然而有一部分人老是喜欢搞越级活动，这些人大都对自己的顶头上司不信任或者不服气。这样做的后果是严重损害了与上司之间的感情，给自己的日常工作，甚至以后的晋升制造了障碍。因此，除非万不得已，到位即可，千万不要越位。

在职场沟通中，“到位”与“越位”之间，有时候是不好区分的，关键在于掌握度，但也并不是无章可循，具体原则是：

首先，明确工作权限，每个人都有自己的岗位，以及相应的岗位职责，还有需要承担的责任，等等。对于这些，要做到心知肚明，在任何时候，用自己应该履行的职责，应当遵守的行为规范来套入，同时要及时规范自己的行为。

其次，分清“分内”和“分外”。在其位要谋其政，分内的事情当然是首先要做好的；分外的事情当然也不能全部忽略，而是要适当予以关注。具体事情具体分析，有些事可以适当帮助，以不过分为要，关于重大决策，则要遵循“沉默是金”。

再次，不可积极过度。我们提倡积极主动，但凡事都有个度，一不小心就容易造成工作越位。比如，必须由上司亲自委派你干的某项工作，一般情况下不要主动要求，以免上司认为你插手太多，有越位之嫌，而不属于你自己职责范围内的事，要小心谨慎，尽量少插手、不插手。

合理地谈加薪，不卑不亢

在现实中，我们时常会看到这样一种现象，自己同样付出了诸多的努力，但是，到了最后的关头，却什么也没有得到，而另一个同事非但加了薪，甚至还得到了提升，这样的事情比比皆是，屡屡发生。

事实上，其中就隐藏着公司在给员工升职加薪时的另一个潜规则，你若对此一直都是“毫无要领”，那么，等到你身边所有的同事都得到了升迁和加薪，你依然还是一无所获，甚至陷入危险。也就是说，升职加薪是讲究策略的，如果你没有勇气向老板提出加薪或者是毫无策略地就要求加薪，那加薪真的就无望了。

张瑶是一名普通的会计。公司本来有两名会计，两人应付公司安排的事情还凑合，至少不用加班也能完成，每天能按时在下午五点下班。但是近三个月来，张瑶的活儿明显增多了，经常加班到晚上七八点钟。因为另一位同事怀孕了，每天基本上干不了多少活。想到自己也是女人，将来也会怀孕，张瑶就多照顾了那位同事。可是这样一来，自己辛苦了不少。张瑶感慨地说：“原来自己做一个半人的活儿，是那么的难以应付。”

经过再三考虑，张瑶认为应该让老板给自己加点薪水，至少给点奖金吧。毕竟自己付出太多，老板应该能理解的。可是几个月来，无论自己怎样做，老板似乎都像没有看见一样，丝毫没有反应。于是，张瑶决定自己主动提出此事。她找到了老板，微笑着对老板说："总经理，我想申请加薪，要么您就再招一个人帮我分担些活。因为现在活太多了，我一个人实在太忙，另一个同事都快生产了，我们又不能够让她干太多活。您觉得我的要求合理吗？"

老板听后想了想，自己也清楚最近张瑶真的辛苦了，索性就问："那你觉得给你加多少合适呢？"

张瑶笑了笑说："我相信领导您是公平的，绝对不会亏待任何一个人，我也相信您会根据我的工作成绩给予相应的回报。"

没过几天，人事部就通知张瑶，她的加薪通知下来了，比她期望的还要高出500元。

可见，作为员工，如果想让老板给你加薪，那么就必须主动提出来。你不提，不管用什么博弈招数都没用。

不过，当你在向老板要求加薪时，除了把加薪的理由一条一条摆出来，详细说明你为公司做了什么贡献而应该提高报酬之外，最重要的应该是确定自己提出的加薪数额。

林冰在公司已经工作了足足一年，这一年来不说功劳也有苦劳，而且林冰也比较勤奋，只是林冰本身不善钻营，所以一直没有得到升职和加薪的机会，机会总是被别的同事抢了去。

最近，林冰想找领导谈一谈，要是领导不给加薪，只好跳槽了。

林冰找到了领导，领导当即就同意为林冰加薪，还说了一些感谢林冰一年来勤勤恳恳工作，为公司分忧的话。这下林冰可被彻底感动了，当领导问他需要加多少薪水时，他为了给公司“省钱”，为了给领导留下一个体谅大度的好印象，竟然说：“我要求的不多，您每个月给我加200元吧。”领导当时稍做迟疑了一下，又迅速恢复正常，欣然同意。可是，薪水虽然是涨了，领导对林冰的看法却越来越差了，林冰百思不得其解。

后来，有好心的同事提醒他：“林冰啊林冰，自己要主动提涨薪的事儿，就一口气多提点，你提那么点儿值得主动去找领导吗？还弄得他认为你就值那么点钱似的，怎么会器重你呢？”

林冰若有所思地问道：“那其他同事要是主动要求加薪的话，一般会要求涨多少呀？”同事微笑着说道：“最少也得涨1000元啊。”

你要是主动要求涨工资，就应该合理地提出要求，不要过高，也不要太低，要求太低就是让人看轻自己。

因此，加薪其实是一场博弈，在这场对局中，领导会综合分析你的能力和价值，判断出该给你加薪的幅度，并以此作为讨价还价的依据。如果你的理由充分，又有事实根据，即使跟领导的想法有出入，他也会设法协调。但是，如果你提出的要求很低，那么你就无疑处于下风，让领导对你的看法更加不如从前。

当然，当领导允许可以提出加薪申请的时候，我们也不能狮子大开口，那不仅不现实，而且有损你在领导心目中的形象。

那么，要求加薪都有什么策略呢？以下几点可以借鉴：

加薪要自己主动申请

每个人都认为自己的工资不够多，自己的付出应该得到公司更高的奖赏。但是，好像跟领导提出加薪的要求总是很难，大部人都是顾虑重重，担心领导会不同意，担心会因此而失去这份工作。这些原因导致了大部分人都不敢贸然去争取，反而坐等着公司主动好心地为其加薪。

事实上，你应该很清楚，从来不会有这样的好事从天而降。大多数老板都是十分抠门的，就算是在大范围的加薪中，还会分个厚薄轻重。

因此，请千万不要做“无要求”的一类，你想要得到加薪，就必须自己主动提出申请。

申请加薪的最佳时机

为了使自己加薪的主张能够得到上司和公司的支持，那么，必须要掌握一个合适的申请时机。

这样的最佳时机通常只有两个：其一，公司正是财大气粗、牛劲冲天的时候，比如说，公司刚刚取得政府拨款支持，或是刚刚做成一个大项目，财务上十分充实盈足；其二，自己刚刚完成某项工作任务，为公司做出重大贡献，公司进行论功行赏的时候。

准备充分的加薪申请

有了加薪的主观意愿，又有了加薪的最佳时机，接下来，就要准备一个充分的加薪申请。

首先，你要明确地列举近段时间所取得的重大成就和突出表现，充分的数据比一切言语都令人信服。

其次，你要了解自己这个职位在市场上的普遍薪资标准，尤其是同行业公司相同职位的薪酬标准，然后提出一个合适的薪金要求（一般的加薪要求涨幅为 10%）。

再次，你应该写一份简单明了的加薪申请报告，涵盖上述两点，用来向领导表明自己的要求十分合理，证明自己的价值完全配得上自己所提出的加薪要求。

即使是掌握了最佳的申请时机，满足了所有的加薪条件，也并不意味着这样的加薪申请一定能够得到公司的支持。我们经常会触犯一些禁忌，从而丧失了宝贵的机遇，甚至会威胁到将来的前程。

禁忌 1：成为同级别职员中的顶薪者。如果你的薪酬比同职位同事都高，而又没有为公司创造更多的利润，那么，枪打出头鸟，你的下场一定很悲惨。

禁忌 2：用谎言来威胁上司。用离职或者跳槽来威胁公司，可能可以获得一段时间的加薪待遇，但是等公司腾出手来找好继任者，你的下场只有一个——打包走人。

禁忌 3：因为无法满足而抱怨。即使你提出加薪的结果并不如你的期望，也请你千万不要抱怨，除非你已经做出离职的打算或是找好下家。

禁忌 4：狮子大开口。为什么我们说加薪幅度要控制在 10% 以内呢？因为这几乎是公司所能承受的最高限度。即使自己所体现出来的价值再高，也一定要给自己留有余地。

禁忌 5：频繁申请加薪。一年一次的加薪申请是较为稳妥的间隔期限。你正好可以利用这一年时间，向公司证明加薪之后，你所发挥出的更大价值，同时也为自己下一次加薪构筑坚实的后盾。

不要为职场的不公平而抱怨

职场中似乎总是充满了各种不公平，激起我们的负面情绪，阻碍工作的积极性。

世界上没有绝对的公平，尤其是在职场中，面对纷杂的人际关系和利益冲突，被批评、受委屈在所难免。生气发火于事无补，那就学会幽默智慧地应对吧！

由于认知条件、信息误导、沟通不畅以及小人谗言等因素，职场工作的每一个员工都可能被老板、上司误解。比如，不被理解，被冤枉，被栽赃，同事的失误导致自己被牵连，别人的过错却被老板、上司归在我们的身上等，每个人都有过这样的时候，谁都不是特例。

关键是，这个时候我们要学会正确对待。我们可以通过各种方式去消除误解，但是，如果我们不能正确地对待，而在内心里怨恨老板、上司，那么矛盾可能会越来越深。

我们身边的绝大多数人包括公司领导也都是普通人，他们的有些做法更多的是“在其位，谋其政”，所以很多我们无法接受的事情也许根本原因并不在他们。

人在职场，很多时候难免承受一些委屈，比如，在工作中，并不是因为我们的责任而出现的问题，我们却不得不为此“背了黑锅”。解决这样的问题，首先要从自己身上找找原因，或许也有我们自己的问题。

不过，任何时候都应该有底线，如果事件严重，影响到了公司的利益问题、形象问题，让老板或上司对自己产生很大怀疑和失望的时候，就一定要站出来维护自己的声誉和利益了。因为如果这种误解或冤枉不能及时消除，可能会给我们造成心理压力和精神负担，还有可能会影响我们的晋升，严重损害上下级关系。因此，面对老板或上司的误解，控制好自己的情绪，坦然面对并及时消除误解，这一点最重要。由此，要找到适当的机会，通过语言的沟通或行动上的表现为自己消除误解。

但更关键的是，我们不能只知道抱怨，却不反省自己。忠实履行日常工作职责，全力以赴、尽职尽责地做好目前所做的工作，才能使我们渐渐地获得价值提升。只要我们把自己的工作做得比别人更完美，凡是正直的老板或上司，就一定会改变对我们的偏见。

由于各种原因，任何人都可能遭遇误解，老板和上司也有可能误解我们，但是我们要去理解老板或上司对问题的真正想法，不要一味埋怨；有时候老板或上司对我们表现出来的误解，也许是对我们的一种考验，也许是一时的情绪反映，也许是我们真的做得还不够好，只是我们自己还没有意识到而已。

因此，一方面我们要多从自身找原因，另一方面我们要充分了解自己，对自己有自知之明。什么话该说，什么事情该做，我们自己心里要有一个标准，这样会减少一些别人的误解。

中国人常说，人贵有自知之明。这实际上是说，社会生活中的每个人都应当对自己的素质、潜能、特长、缺陷、经验等各种基本条件有一个清醒的认识，对自己在社会工作生活中可能扮演的角色有一个明确的定位。心理学上把这种有自知之明的能力称为“自觉”，这通常包括察觉自己的情绪对言行的影响，了解并正确评估自己的资质、能力与局限，相信自己的价值和能力等。

有自知之明的人既能够在他人面前展示自己的特长，也不会刻意掩盖自己的欠缺。谈及自己的不足而向他人求教不但不会降低自己，反而可以表示出自己的虚心和自信，从而赢得他人的青睐。

能够正确地认识自己，正确理解老板、上司的意图，处理好与同事之间的人际关系，站在老板的角度去想问题、做工作，积极主动地把工作做圆满，我们就会少一些误解。要记住，帮助老板或上司成功是自己成功的最好方法。

小时候，书上总是说：这个世界是公平的，只要你付出了，就会有回报。但是当你长大之后，就会发现不公平的事情还是挺常见的。我们身处职场，不能要求绝对的公平。过于执着只会让自己承受巨大的压力。哈佛商学院的职业教材读本指出：如果你想成为一个职场的成功者，那么，请永远不要为职场的不公平而抱怨。

虽然面对种种不公平，我们不可以抱怨，但我们是不是除了无可奈何就什么都不能做了呢？不是，我们能做的还有很多。

不可能事事公平，所以不必过于苛求

阳光公平地洒向大地，却还是有地方被阴影覆盖。公平是一种理想状态，但却不总是存在。过于苛求公平的人只能自寻烦恼。

有时候不是不公平，而是你不够成熟

总有人觉得自己埋头苦干却没有那些“溜须拍马”的人得到的多，这时与其抱怨不公平，不如努力找原因。

当你觉得自己没有评上优秀员工的时候，为什么不多找找自己身上的原因，也许是在看不到的时候，别人比你更努力，比你付出的更多呢？

因此，面对不公平，我们的态度应该是：坦然面对它，努力适应它，力争改变它！作为一个成熟的职场人，要时时刻刻明白这一点，以平常心、进取心来改变自己的生活和工作，从而通向成功的彼岸。

不该对上司说的话

领导毕竟不同于一般同事。与领导相处，我们就更应该注意自己的言行以及分寸。

说话有尺度，交往讲分寸，办事讲策略，行为有节制，别人就很容易接纳你、帮助你、尊重你，从而满足你的愿望。因此要想获得社会认同、领导赏识，就应该掌握最恰当的说话尺度和适宜的办事分寸。作为下属，要想得到领导的信赖，嘴上说话一定要有个把门的，一定要把握好分寸。

说话要有技巧，沟通要有艺术。良好的表达方式可以助您事业成功，良性的沟通可以改变您的人生。我们与领导交流时，要注意管好自己的嘴，用好自己的脑，要知道什么话应该说，什么话不应该讲。不知道所忌，就会造成失败；不知道所宜，就会造成停滞。我们在谈话中，就要懂得说话的宜和忌，切不可信口开河、贸然出言，否则一语失言，悔之晚矣！

有些让上司不高兴、下不来台的话，要引起注意。

（1）回答上司的问题时说：“随便！”“都可以！”

也许朋友之间这样说没问题，回答上司问题则不同，这样会让上司觉得你太过于随意，不够严谨，不够认真。

（2）对上司说：“这事我不知道。”“那事我早就知道了。”

就算上司跟你说的事你早就知道了，你也可以委婉地说：

“我好像前几天也听说了这个事。”而对于自己不知道的事情，则可以说：“不好意思，我再去仔细了解一下。”

（3）对上司说：“您辛苦了！”

这句话是上司对下属表示慰问或犒劳时说的话，而不应该从下属嘴里说出来。

（4）对上司说：“太晚了！”

这句话经常具有暗示作用，会让上司联想到是他的责任导致的结果。

（5）对上司说类似于“您的做法真让我感动”的话。

“感动”一词也是上司对下属的用词，例如：“你们工作认真、负责，我很感动！”尊重上司，应该说“佩服”。可以这样说：“经理，我们都很佩服您的果断！”

（6）与上司过度客气。

和上司说话应该小心谨慎，顾全大局，但顾虑过多则不足取，容易遭人误解。要克服胆小怕事的心态，越是谨慎小心，反而越容易出错，更容易被上司误认为你没有魄力，谨小慎微，不值得重用。

（7）对上司说：“这事没法办！”

上司分配工作任务下来，下属却说：“不好办。”“很困难。”这样一方面显得上司没远见，另一方面，上司会觉得你都没仔细思考过，就说不好办，到底过脑子了没有？

（8）对上司说：“不行是不是？没关系！”

这话明摆着是对上司的不尊重，缺少敬意。退一步来说，这也是说话不讲方式、没有礼貌。

（9）接受上司交代的任务时说："好啊。""可以啊。"

"好啊""可以啊"在语言含义上具有批准、首肯的意味，常用在上司通过对下属的审核意见时所说。正确的说法应是"是""知道"。

（10）不小心说错了话不要强辩。

在上司面前说错了话，一旦觉察到了，就应该就此打住，马上道歉。不要因害怕而回避，应面对事实，尽量避免伤害对方的人格和面子，不必要的辩解只会越辩越糟。